# 体育彩票公益金绩效管理闭环系统构建与实现机制研究

白宇飞　臧文煜　◎著

The Construction and Realization Mechanism of a
Closed-loop Performance Management System for
# SPORTS LOTTERY PUBLIC
# WELFARE FUND

中国财经出版传媒集团
经济科学出版社
Economic Science Press

# 前言

　　体育彩票公益金素有"体育事业的生命线"之美誉。截至2022年7月底，我国体育彩票已累计筹集公益金超过6500亿元，在推动群众体育和竞技体育工作发展过程中贡献了重要力量。不过，伴随体育彩票公益金规模的不断壮大，公益金使用效益偏低的现象也逐渐显露，立项随意、进度无序、挤占挪用、资金沉淀、监督不足、透明度低等问题"此起彼伏"并在个别省份有趋向严重的苗头。站在推动体彩业健康发展进而更好助力体育强国建设的时代高度，加强体育彩票公益金绩效管理，将"花钱必问效、无效必问责"理念贯彻到底，切实提高公益金运行效率已经时不我待。

　　实施绩效管理既是优化财政资源配置和提升公共服务质量的重要抓手，也是新发展阶段推进国家治理体系和治理能力现代化的内在要求，同时更是值得学术界深入系统分析和长期研究的现实课题。体育彩票公益金在资金属性上归于政府非税收入，是财政资金的有机组成，管理使用主体涉及从中央到地方的各级体育部门和财政部门，预算纳入"四本预算"中的政府性基金，自然是实施绩效管理的范畴之一。2021年5月，财政部印发的《彩票公益金管理办法》首次明确，要加强彩票公益金全过程绩效管理，建立彩票公益金绩效评价常态化机制，强化彩票公益金绩效评价结果应用。随后出台的《"十四五"体育发展规划》进一步要求"加强体育彩票公益金使用的管理和宣传"。

　　基于此，本书试图通过构建一个以绩效目标、绩效监控、绩效评价和结果应用为基本要素的体育彩票公益金绩效管理闭环系统，将绩效理念深度融入体育彩票公益金预算管理全过程，进而为公益金使用效益的提升筑牢基础。

　　本书推进过程中得到财政部和国家体育总局相关部门以及部分省市体彩系统的大力支持，多位师友分别在不同阶段给予了不同形式的点拨与帮助。在此，一并表示感谢。

　　客观而言，体育彩票公益金研究相对小众，但理论和现实意义都不容忽视。长期以来，国内体育领域学者对该问题重视不够，经济界专家关注也较少，盼以本书为起点，吸引更多研究者聚焦此领域进行深入探索，产出更多高质量成果，以推动体育学与经济学学科交叉融合，促进体育产业发展和体育强国建设。

作　者

2022 年 9 月

# 目　录

第一章　绪论……………………………………………………… 1

　　第一节　研究背景 ……………………………………………… 1

　　第二节　研究设计 ……………………………………………… 2

　　第三节　研究方法与理论依据 ………………………………… 4

　　第四节　研究意义与创新之处 ………………………………… 12

第二章　文献综述……………………………………………… 14

　　第一节　绩效管理相关文献综述 ……………………………… 14

　　第二节　体育彩票公益金相关文献综述 ……………………… 20

　　第三节　文献述评 ……………………………………………… 28

第三章　体育彩票公益金绩效管理发展历程及面临的挑战…… 31

　　第一节　体育彩票的发展历程 ………………………………… 31

　　第二节　体育彩票发行销售情况 ……………………………… 42

　　第三节　体育彩票公益金的源起 ……………………………… 50

　　第四节　体育彩票公益金的筹集与分配情况 ………………… 52

　　第五节　体育彩票公益金绩效管理的演变历程 ……………… 65

　　第六节　体育彩票公益金绩效管理面临的主要挑战………… 67

第四章  代表性国家（地区）彩票和彩票公益金
　　　　管理使用情况 ················································ 71
　　第一节  英国彩票和彩票公益金管理使用情况·············· 71
　　第二节  美国彩票和彩票公益金管理使用情况·············· 76
　　第三节  日本彩票和彩票公益金管理使用情况·············· 84
　　第四节  法国及西班牙彩票和彩票公益金管理使用情况 ·········· 92
　　第五节  中国香港、澳门彩票和彩票公益金管理使用情况 ········· 97
　　第六节  代表性国家（地区）彩票公益金绩效管理理念借鉴····· 106

第五章  体育彩票公益金绩效管理闭环系统的构建 ············· 109
　　第一节  体育彩票公益金绩效管理闭环系统概念的提出
　　　　　　与现实意义 ·········································· 109
　　第二节  体育彩票公益金绩效管理闭环系统构建遵循的
　　　　　　指导思想与基本原则 ································ 114
　　第三节  体育彩票公益金绩效管理闭环系统的构成要素········· 117
　　第四节  体育彩票公益金绩效管理闭环系统的实现机制·········· 123

第六章  体育彩票公益金绩效管理闭环系统之
　　　　绩效目标管理 ·············································· 126
　　第一节  体育彩票公益金绩效目标的设定 ················· 127
　　第二节  体育彩票公益金绩效目标的审核 ················· 134
　　第三节  体育彩票公益金绩效目标的下达、调整与应用········· 136

第七章  体育彩票公益金绩效管理闭环系统之
　　　　绩效运行监控 ·············································· 140
　　第一节  体育彩票公益金绩效运行监控的前提 ············· 140
　　第二节  体育彩票公益金绩效运行监控的实施 ············· 143

第八章　体育彩票公益金绩效管理闭环系统之

　　　　绩效评价及结果应用 ································ **150**

　第一节　体育彩票公益金绩效评价的基础 ··········· **150**

　第二节　体育彩票公益金绩效评价的指标体系 ······· **155**

　第三节　体育彩票公益金绩效评价的组织管理与实施 ··· **160**

　第四节　体育彩票公益金评价结果在实际工作中的应用 ··· **165**


第九章　体育彩票公益金绩效管理闭环系统顺畅运转的

　　　　潜在障碍与对策建议 ························ **168**

　第一节　体育彩票公益金绩效管理闭环系统顺畅运转的

　　　　　潜在障碍 ······························ **168**

　第二节　体育彩票公益金绩效管理闭环系统顺畅运转的

　　　　　对策建议 ······························ **176**


附录 **A**　中央集中彩票公益金支持体育事业专项资金管理办法 ········ **181**

附录 **B**　彩票公益金管理办法 ································ **187**

参考文献 ········································· **194**

# 第一章 绪 论

## 第一节 研究背景

建立全面规范透明、标准科学、约束有力的预算制度，全面实施绩效管理是党的十九大报告提出的明确要求。2018 年发布的《中共中央　国务院关于全面实施预算绩效管理的意见》则进一步强调，力争用 3～5 年时间基本建成全方位、全过程、全覆盖的预算绩效管理体系，实现预算和绩效管理一体化，由此拉开了我国全面实施预算绩效管理的序幕。全面实施绩效管理既是优化财政资源配置、提升公共服务质量的关键举措，也是推进国家治理体系和治理能力现代化的内在要求以及经济社会高质量发展的有力保障。体育彩票公益金在资金属性上归于政府非税收入，是财政资金的有机组成部分，管理使用主体涉及从中央到地方的各级体育部门和财政部门，预算纳入"四本预算"中的政府性基金管理，自然是全面实施绩效管理的范畴之一。

党的十九届五中全会提出，到 2035 年要建成体育强国的远景目标，这为我们在新发展阶段繁荣发展体育事业提供了根本遵循。体育彩票公益金素有"体育事业的生命线"之美誉，在体育事业发展过程中特别是对群众体育和竞技体育的发展贡献了十分重要的力量。2021 年 5 月，财政部印发的《彩票公益金管理办法》首次明确，要加强彩票公益金全过程绩效管理，建立彩票公益金绩效评价常态化机制，强化彩票公益金绩效评价结果应用。同年10月，国家体育总局颁布的《"十四五"体育发展规划》进一步要求"加强体育彩票公益金使用的管理和宣传，助力体育发展"。根据随后发布的《中国体育彩票2020年社会责任报告》显示，自1994年首次发行体育彩票到2021年10月底的近27年间，体育彩票已累计为国家筹集公益金超过6100亿元。不过，与体育彩票公益金规模持续扩大相对应的是，公益金运行过程中效率不高的问题始终没有得到有效解决，不仅造成财政资源不同程度的浪费，还滋生了立项随意、进度无序、挤占挪用、资金沉淀、监督不足、透明度低等具体问题，引发社会各界的关注和热议。而预算绩效管理以产出和结果为导向，强调"花钱必问效、无效必问责"，体育彩票公益金实施预算绩效管理将能够有效增强政府提供公共体育用品和公共体育服务的质量与效率，有助于各级政府部门科学合理地分配公共资源，提升体育彩票公益金的使用效益。

基于此，在全面实施绩效管理和体育彩票公益金使用效益亟待提高的双重背景下，研究如何将预算绩效理念融入体育彩票公益金的配置和使用中，并建立体育彩票公益金的绩效管理体制就显得十分重要。

# 第二节　研究设计

本书遵循党的十九大提出的全面实施绩效管理要求，特别是"花钱必问效、无效必问责"的绩效理念，并结合体育彩票公益金资金特性，构建了贯穿体育彩票公益金预算管理全过程的绩效管理闭环系统（见图1-1），共分为九章。

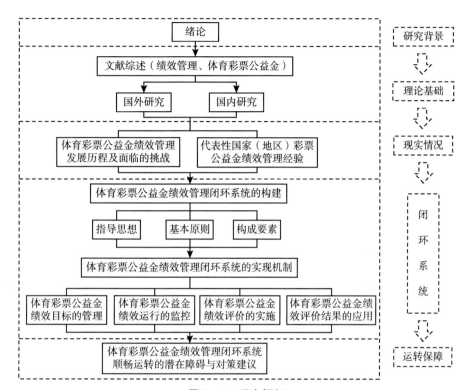

**图 1-1 研究框架**

第一章，主要对本书的研究背景、研究意义、研究框架、研究方法、理论基础等进行概括介绍。

第二章，在对国内外关于绩效管理和体育彩票公益金管理相关文献进行系统述评的基础上，进一步明确了开展体育彩票公益金绩效管理研究的必要性和重要性。

第三章，通过对体育彩票公益金特别是公益金绩效管理发展历程的全面回顾，厘清了体育彩票公益金现行绩效管理中面临的主要挑战。

第四章，以英国、美国、日本、法国、西班牙等代表性国家以及我国港澳地区彩票和彩票公益金管理使用情况为例，提炼总结了具有借鉴价值的公益金绩效管理经验。

第五章，在全面实施绩效管理和体育彩票公益金使用效益亟待提高的现实背景下，引入体育彩票公益金绩效管理闭环系统概念，阐释了构建体育彩票公益金绩效管理闭环系统的指导思想、基本原则、构成要素等。

第六章至第八章，重点从绩效目标管理、绩效运行监控、绩效评价实施、绩效结果应用四个环节对体育彩票公益金绩效管理闭环系统的实现机制进行了全面分析。其中，第六章从绩效目标的设定、审核、下达、调整与应用等方面对体育彩票公益金绩效管理闭环系统的运行起点——绩效目标管理进行了具体解析；第七章对体育彩票公益金绩效管理闭环系统的重要支撑——绩效监控的涵盖范围、主要内容、基本流程等进行了详细说明；第八章聚焦体育彩票公益金绩效管理闭环系统的中枢环节和落脚点，研究内容涉及绩效评价的基础、评价指标的设置和评价的组织管理与实施以及绩效评价结果在实际工作中的更好应用。

第九章，对可能影响闭环系统顺畅运转的潜在障碍进行了剖析，并据此提出了相关对策方案。

# 第三节 研究方法与理论依据

## 一、研究方法

本书以落实全面实施绩效管理要求和解决体育彩票公益金使用效益不高问题为逻辑切入点，遵循理论与实践、具体与抽象、静态与动态相结合的思路展开研究，主要采用了下述研究方法。

### （一）理论分析法

相对于经验分析法，理论分析法强调运用理性思维认识事物本质，通过综合分析把握事物规律性。本书基于对体育彩票公益金管理历程的总结回顾，直面公益金使用效益不高的现实问题，综合运用控制理论、系统理论、信息理论、收入再分配理论等论证了构建体育彩票公益金绩效管理闭环系统的必要性，阐明了闭环系统主要要素间的内在联系及其运行机理。

### （二）田野调查法

田野调查法可以理解为在研究过程中采取的实地考察、深入一线、现场感受（参与）的一种方法。本书撰写过程中，研究团队数次赴国家体育总局体育彩票管理中心和财政部预算司、综合司进行调研、座谈，与相关处室主要负责同志围绕体育彩票销售及公益金绩效管理等问题进行了多轮深入探讨，为闭环系统的最终构建提供了宝贵的一手素材。

### （三）统计分析法

统计分析法是一种通过分析研究对象规模、程度等数量关系，认识和揭示事物变化规律与发展趋势的研究方法。本书采用图例、表格等对体育彩票公益金筹集和分配使用情况进行了描述性统计，对其规模走势和支出结构进行了比较分析，从质和量相结合的角度全方位展示了体育彩票公益金管理现状和存在问题。

### （四）比较分析法

比较分析法是指在一定标准或范畴下对两个及两个以上事物的特点、变化趋势进行研究的方法。时间、空间、经验或理论、计划是比较分析法常用的几种比较标准。本书的比较分析法具体应用于两个方面：一是对体育彩票公益金绩效管理相关文献的比较研究，对不同概念、观点、理论进行比较，分析界定概念特征和内涵，对构建体育彩票公益金绩效管理闭环系统提供了理论参考；二是在体育彩票公益金筹集与分配、公益金绩效管理演变历程等方面分别进行了时间和空间异质性的比较研究，明晰了体育彩票公益金实际管理中存在的突出问题，为绩效管理闭环系统的构建提供了现实依据。

### （五）案例分析法

案例分析法旨在通过详细剖析与研究主题存在某些契合点的案例，寻求所讨论问题的解决之法。案例分析法相对于数学模型而言更加直观、易于理解。本书选取英美等具有代表性的国家和我国港澳地区的彩票及公益金管理实况进行分析，力求为我国体育彩票公益金绩效管理提供一定借鉴。

## 二、理 论 依 据

深入推进体育彩票公益金绩效管理是贯彻党的十九大精神和落实《“十四五”体育发展规划》的应有之举，构建闭环系统则有助于提高体育彩票公益金绩效管理效能和公益金使用效益。本书以“体育彩票公益金绩效管理闭环系统构建与实现机制”为题展开研究，其基础理论依据有六类，其中，外部性理论、收入再分配理论和新公共管理理论可从不同角度解释将绩效理念融入体育彩票公益金管理的学理基础；控制理论、系统理论和信息理论则为体育彩票公益金绩效管理闭环系统的构建和运行提供了扎实的理论支撑。

### （一）外部性理论

外部性是经济学的一个基础概念。通俗地说，就是某些实体（包括企业和个人）的活动行为影响了其他人的福利，却未付出任何成本或得到任何收益的现象（高培勇，2012）。

依照结果不同来分类，外部性可以分为正外部性和负外部性。正外部性，也可称为外部效益或外部经济，指的是一个主体的活动使其他主体或社会获得额外收益，而该经济主体并未因此获得任何收益；负外部性，也称为外部成本或外部不经济，指的是一个主体的活动使其他主体或社会遭受额外损失，而该主体并未对此付出任何代价或成本。

外部性理论可以延伸至体育彩票公益金领域。例如，科学分配并合理使用体育彩票公益金，除了有助于体育事业发展、提高全民身体素质外，还能补充社保基金、保障社会公平，即体育彩票公益金的运行管理可产生较大的正外部性；相反，若公益金使用效益低下、监管漏洞频发，就会产生负外部性，导致政府公信力丧失、社会福利损失。基于此，我们需要始终高度重视体育彩票公益金的绩效管理，努力提升体育彩票公益金使用效益。

**（二）收入再分配理论**

市场失灵导致的收入分配不公平是经济学界的共识，也是收入再分配理论诞生的重要基础。此外，功利主义和自由主义同样对收入再分配"情有独钟"，并提出了系列政策主张。

边沁和穆勒（Bentham & Mill）是功利主义的代表人物。功利主义的再分配主张建立在边际效用递减的假设上，即由于穷人增加单位收入的效用要远超富人获得单位收入的效用，故政府通过收入再分配将富人的一部分收入转移给穷人，就会实现社会总效用或总福利的增加。

自由主义的代表人物罗尔斯（Rawls）认为，公共政策的制定应以提高社会底层群体的效用最大化作为目的，只有处境最差的人的状况得以改善时，才能实现社会福利的增长（约翰·罗尔斯，1988）。罗尔斯并非寻求平均主义的目标，正如木桶理论一样，短板的长度决定了整个木桶的蓄水量，社会福利水平的高低实际取决于底层的效用水平，由此需要进行收入再分配，以向弱势群体的倾斜实现整体福利水平的提高。

相对于以市场为中枢的初次分配，再分配的主导者是政府。体彩销售收入可以理解为个人在自主自愿前提下的"捐赠"，体育彩票公益金则是对这种"捐赠"收入按法定比例的提取，归属于政府非税收入，是名副其实的财政性资金。进一步说，如果购彩代表着市场行为并与初次分配关联，那么体彩公益金的分配使用则是政府行为且具有再分配特征。由此，实施体育彩票公益金绩效管理，使之更好地补充社保基金、服务公益事业、助力体育强国和健康中国建设，即对实现分配公平和使用高效两者统一以及对帕累托效率的追求。

### （三）新公共管理理论

公共选择理论认为，人类社会可以分为经济和政治两个市场，政府和公众分别是政治市场的供给方和需求方，政治市场中的个体与经济市场一样均具有"理性人"的特征，追求自身利益最大化，进而会导致政府失灵的出现。若要回归至公共利益最大化的目标，就要将政治市场的供需行为市场化，政府作为公共产品和服务的供给方要以需求端的公众为导向，且建立起一套以公共利益最大化为目的的监督约束供给方的有效机制，形成有效的公共政策和理想的公共运行秩序。

20世纪七八十年代，随着信息社会的迅速发展，社会公众的民主、参政意识不断增强，不少西方国家政府都出现了或轻或重的治理危机，以公共选择理论等为思想基础的新公共管理理论应运而生。新公共管理理论认为应更多关注政府管理活动的最终结果，重视公共服务效率、效果和质量的提高，同时要更加主动灵活地应对内外部风险变化。该理论主张实施绩效测定评估，对绩效目标控制和目标考核较为推崇。

根据公共选择理论和新公共管理理论，体育彩票公益金运行过程中的效益低下、监管不力等问题，都与政府治理能力相关或本身就是政府失灵的表现。对此，自然需要强调以产出和结果为导向，特别是落实好绩效目标事前控制和绩效结果事后考核，真正将"花钱必问效、无效必问责"的理念贯彻落实到位，而这些恰恰是体育彩票公益金绩效管理的重要内容。

### （四）控制理论

控制理论或控制论的研究对象是系统，它认为从抽象角度来讲，所有事物都可以看作系统，如生命、工程、经济、社会等都可以抽象概括为一个包含自控能力的系统。控制论的研究重点在于，将指令信息作为控制信息，通过系统各部分执行后的反馈信息，控制和调节系统内部组成，以实现系统的稳定和有效运行。换句话说，控制论强调反馈在控制系统中的基础性作用和地位（诺伯特·特纳，2020）。

站在控制论视角，体育彩票公益金绩效管理就是一个控制系统，它能够通过控制活动提高体育彩票公益金的使用效益。具体来说，绩效管理的控制信息是绩效目标，在体育彩票公益金绩效管理中，实现公益金高效益就是绩效目标，也即该控制系统发出的指令。绩效运行过程是系统各部分按指令执行的具体过程，绩效运行过程的监控、绩效评价就是生成体育彩票公益金使用过程中和阶段性结束后产生的执行结果信息，即执行中和执行后的情况反馈，而将反馈结果输送回来无疑就是绩效结果的应用。执行中反馈（即绩效过程的监控）对于能否实现当期的运行结果（当期绩效目标）具有决定性作用，执行后反馈（即绩效评价）对于能否实现下一期的绩效目标具有决定性作用。如此循环往复，直至达到提高体育彩票公益金绩效管理的目的。

当然，由于任何一个系统所处的内外部环境都是持续变化的，体育彩票公益金绩效管理也是一个动态系统，其追求的是一种动态中的平衡稳态：通过控制活动提供的反馈信息，不断将绩效运行和评价结果与绩效目标对比，保证体育彩票公益金组织管理活动不偏离运行过程中、当期或者下一期的既定绩效目标方向，进而实现动态平衡。这也正是体育彩票公益金绩效管理能够以"控制"促进绩效目标实现的基本逻辑。

### （五）系统理论

系统理论的精髓是系统的整体性观念。系统理论从整体性观念出发，将任何一个系统和内部要素看作有机整体，研究他们之间的关联性、独特性和动态性，把握系统整体，以实现最优目标（萧浩辉，1995）。

根据系统理论的观点，体育彩票公益金绩效管理是一个由绩效目标等多个部分组成的整体系统，该整体并非由各部分机械组合或者简单相加，而是各子要素通过特定方式关联的系统。进一步说，体育彩票公益金绩效管理中各组成部分都不是孤立的存在，每个要素在系统中都居于特定位置，发挥不可或缺的作用。例如，绩效目标对于后序环节有控制作用，绩效结果应用对于下一期绩效目标又有反控制作用，所以绩效管理系统各要素之间具有统一协调性和相互依赖性，是一个不可分割的整体。此外，体育彩票公益金绩效管理也是一个开放性的系统，通过与外部环境不间断的信息交流，可以逐步解决社会适应性的问题，最终成为社会化的系统。

### （六）信息理论

信息理论或信息论起源于 20 世纪 40 年代后期的通信领域，聚焦信息有效处理和可靠传输的一般规律。随着通信技术的飞速发展，信息论早已从香农当年仅限于通信系统的数学理论的狭义范围扩展开来，并逐渐与社会学、心理学、经济学、管理学等诸多学科交叉渗透，成为现在庞大的信息科学体系（叶中行，2007）。

信息论认为，一般信息系统都有接收、创生和实现的过程。信息的接收过程，可参照 1948 年香农创立的一般信息系统模式（见图 1－2）。其运行的路径主要是：信源发出载有信息的消息，通过编码器将消息转变为信号，由含有噪声影响的信道对原信号和噪声进行传输，再经译码器分离噪声和原信号，最后将信号转化为消息输送给信宿。其中，信源是指信息的发出源头，如通话过程中的讲话者；信宿是信息的接收者，也就是接听方；信道是传输信号的渠道，连接信源和信宿的通道，如通信电缆；消息是信息的载体，如数据、文字等；信号是便于在信道中传输的信息的形式；编码器是将消息转换为便于在信道中传输的信号的设备；译码器是将带有噪声的信号两两分离后，再将信号逆转为信宿可接收的消息的设备。香农时期的通信信息系统模型仅为信息接收系统，而且有缺少反馈性机制的局限。

**图1-2  信息接收过程**

信息的创生过程是对信息接收系统的发展和延伸，其不再局限于一般意义的转化、分离、逆转的传递输送过程，而更加关注对原始信息的复合、重组、创造，以形成全新信息流（见图1-3）。

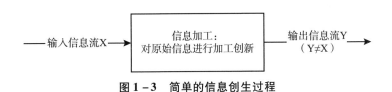

**图1-3  简单的信息创生过程**

信息的实现过程是一种具有目的性的行为过程（见图1-4）。简单说，就是能够将人的创造性信息，通过实践活动转化成客体信息结构的过程。实践活动的开展，需要创生后信息的指引来改变客体的组构形态，使之符合人的主观意志。

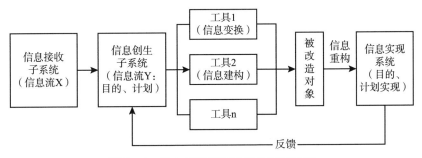

**图1-4  引入反馈机制的信息实现过程**

从信息接收、创生和实现的过程来看，体育彩票公益金绩效管理可谓一个加入反馈机制的信息处理的闭环过程。前期对于体育彩票公益金相关情况进行摸底了解形成最初的信息流，通过梳理、预估、细化、定标等过程形成具体的绩效目标，作为计划信息流对绩效运行过程进行指导，运用预算执行情况追踪、定期检查、项目评价报告等工具手段，加强对体育彩票公益金项目的管理，最后由体育彩票公益金的投入转变为具体的项目效益，实现设定的目标计划。其中，在制定绩效目标前做的准备工作就是源信息的接收阶段，绩效目标的审批和下达就是对所接收信息进行组建和重构的创生阶段，绩效运行过程就是对信息进行客观化的实践过程，在反馈最终情况与所设定绩效目标等相关信息作比较的基础上，完成信息的实现阶段。

## 第四节  研究意义与创新之处

就理论意义而言，本书在全面实施绩效管理的财税体制改革大背景下，重点关注体育彩票公益金的财政性资金属性，将预算绩效理念融入公益金管理之中，是对既有体育彩票公益金研究内涵的丰富；同时，体育彩票公益金绩效管理闭环系统的提出，能够为各级政府和部门的各类财政性资金的绩效管理提供一个可参考的理论模式，推动全面实施预算绩效管理的相关学术研究。

从实践意义来看，本书不仅是对全面实施预算绩效管理这一新时代党中央、国务院重大战略部署的积极回应，也是对提升体育彩票公益金预算绩效管理水平的有益尝试，有助于促进体育彩票公益金这一财政性资金聚力增效，提高公共体育用品和服务的供给质量，增强政府公信力和执行力。此外，体育彩票公益金绩效管理闭环系统的运行，能够切实提升公益金管理水平、配置效率和使用效益，解决近年来体育彩票公益金分配使用过程中暴露出来的诸多问题，加大其对群众体育和竞技体育工作的支持、扶持力度，助力体育强国远景目标的加速实现。

本书的创新之处在于，区别单纯基于体育视角展开分析的传统研究思路，立足体育彩票公益金政府非税收入的资金属性，以深化体育彩票公益金预算改革为切入点，研究如何引入绩效管理理念，提升体育彩票公益金使用效益问题，延展了体育彩票公益金研究范畴。同时，体育彩票公益金绩效管理闭环系统观点的提出，能够实现体育彩票公益金预算全链条闭环绩效管理，为遏制系列乱象、规范公益金使用提供了全新的理论和实践模式。

# 第二章 文献综述

## 第一节 绩效管理相关文献综述

### 一、绩效和绩效管理

#### （一）绩效

绩效在《现代汉语词典》中是"成效、成绩"的意思，《牛津高阶英汉双解词典》对"performance"的解释为"表现、业绩、工作情况"。从学术界来看，对绩效内涵的理解可分为结果观、行为观、结果行为统一观三类。

结果观，强调的是主体行为的产出情况。伯纳丁和贝蒂（Bernardin & Beatty，1984）认为，在特定时间范围，绩效可定义为与工作职能和活动密切相关的结果记录。罗杰斯（Rogers，1990）也表示，绩效即工作的结果，因为它与组织的战略目标、客户满意度和经济贡献有最密切的联系。也就是说，绩效是个人为实现目标而进行的各种行动最后产生的结果，该结果是客观明确可辨的（杨蓉，2002）。结果观持有的观点，主要是将绩效界定为主体活动产生的成绩与成果（彭剑锋和荆小娟，2003），从结果的直观可衡量性来讲其具有一定合理性，但由于过于看重产出结果，而忽略行为过程，结果观的功利性也使其饱受诟病。

行为观，强调的是个体活动的行为过程。坎贝尔等（Campbell et al.，1990）将绩效定义为对实现组织目标很重要的行为和活动的总和。绩效是与组织目标相关的行为或行动，并可根据对目标的贡献程度来衡量绩效水平。这些行为或行动是与有效性区分开来的，有效性是行为对于结果的影响，而绩效是个体控制下的与目标相关且可观察的实际行为表现。墨菲（Murphy，1990）也表示，绩效不是结果，而是与组织或组织单元相关的包含心智、认知、生理等一系列行为的活动，其中组织或组织单位构造了工作的环境（李浩，2017）。鲍曼和摩托维德罗（Borman & Motowidlo，1993）提出了"任务—情境"二维绩效模型。他们区分了任务和情境活动，任务绩效可定义为在职人员通过实施其技术过程的一部分，直接或间接向组织提供所需材料或服务，为组织的核心目的作出贡献的活动；情境绩效是以情境活动来影响和衡量的，以塑造组织、社会和心理情境的方式促进组织有效性，是任务活动和过程的催化剂。

随着人们对于绩效问题的深入研究，越来越多的学者倾向于绩效是行为和结果相统一的观点。因为结果观过度强调产出的重要性，容易对个人的价值观和对组织目标的理解产生错误引导，形成短视主义，不利于组织长远发展。而绩效行为观并非完全否定结果观，运用行为观对绩效进行定义时，蕴含了绩效的多因属性，由组织目标演化而来的工作任务有多种，且工作产出并非仅与行为主体本身有关，环境、组织规则、人格结构等其他因素也会对其产生一定影响，作用于组织效率。

布罗姆维奇（Bromwich，1990）曾旗帜鲜明地支持这一观点，认为绩效意味着源于行为者的行为和结果。布莱姆布兰西（Brumbranch，1998）同样认为，绩效指的是行为和结果的综合，行为源于活动主体的工作表现，是产生结果的途径和工具，也是一种可以区分判断的结果，是为完成工作任务而进行体力和脑力劳动的结果（张伟，2015）。奥特利（Otley，1999）认为绩效是工作过程以及所取得的结果。仲理峰和时勘（2002）强调，绩效的定义要尽量宽泛些，应包括投入（行为）和产出（结果）两方面。绩效的统一观，同步研究结果与行为，就是既要看做了什么，还要看是如何做的，绩效取决于做事的结果和过程。这种对于绩效概念的理解，融合了结果观和行为观的概念内涵，关注事物运动过程状态和最终结果，故具有更加广泛的实践意义，更有利于绩效管理活动的开展。

## （二）绩效管理

绩效管理是绩效理念在管理中的具体实践，源于绩效考核。在中国，根据《尚书·尧典》的记载，最为原始和朴素的绩效考核可以追溯到四千多年前，尧在让位于舜之前，通过暴风骤雨夜闯深山的任务来考验他能否胜任帝位。古代官吏考核制度，始于秦代、兴于唐朝、成于清朝，在《史记》《资治通鉴》等中均有记载。在西方，19 世纪初，欧文将绩效考核的概念引入苏格兰，美国军方、美国联邦政府相继对军职人员和政府公务人员采取绩效考核。

随着经济社会发展、管理水平的提高，绩效考核的局限性不断显现。莱文森（Levinson，1976）指出，绩效考核系统在运行中存在很多不足，如绩效判断的主观性、武断性，评判结果的不可比性，反馈的延迟性以及对于提高人员满意度的限制性。帕门特（Pamenter，2000）认为，传统绩效考核存在"过程重形式、结果轻价值"的问题，考核过程受主观性影响，结果质量不高且应用效率极低，无法对组织和人员产生实质影响，应将传统绩效考核的重心转移到员工的提高上来。戴明（Deming）在 1982 年出版的《走出危机》一书中，将绩效考核列为管理七大疾病之一。2000 年，柯恩斯和詹金斯（Coens & Jenkins）合作撰写了《废止绩效评估》一书，通过列举大量用绩效管理取代绩效考核的案例，强调团队合作与授权。

绩效管理的概念始于 20 世纪 70 年代后期，彼时，学者们承接了对于绩效考核的反思，开始对绩效管理进行深入探究。范德瑞（Fandray，2001）建议将每年的绩效考核升级为更加有效的绩效管理系统。斯潘根伯格和塞隆（Spangenberg & Theron，2001）指出，传统绩效考核是孤立的、机械的、驱动因素单一的。传统绩效考核目标一般仅包括个人目标，无法很好地整合公司、团队和个人目标，使绩效考核独立于组织的整体发展；评估方法以定性为主，主观随意性大，易受到评分等问题的干扰；绩效评估频率、奖励评级系统的刻板性等一系列问题的存在，促使绩效考核需要向以组织和人员发展为目标的综合、集成的绩效管理改进。

概言之，绩效考核之所以备受质疑，是因为它自上而下运转、专职服务于人力资源部门而与业务部门不直接挂钩，常常专注于出现了什么问题，而非展望未来会怎样发展。由此，绩效考核只是绩效管理系统的一个组成部分而非全部，后者是一个着眼于组织和员工未来发展得更广泛、更全面、更持续的完整的管理过程。

目前，学术界对于绩效管理的定义亦莫衷一是。从国外来看，沃特斯（Walters，1995）认为，绩效管理是指导和支持员工根据组织需要尽可能有效和高效地工作的过程。阿姆斯特朗和巴伦（Armstrong & Baron，1998）强调，绩效管理是一种战略性综合方法，通过提高组织中工作人员的绩效以及开发团队和个人贡献者的能力，为组织带来持续性成功。它是一种通过在商定的计划目标、标准和能力要求框架内理解和管理绩效，从组织、团队和个人那里获得更好结果的手段（Armstrong，2006）。国内学者如徐中奇和顾卫俊（2004）将绩效管理看作一种具有行为目标的战略过程。与之类似，杨修平（2015）认为绩效管理是一个包含目标制定、实施、考核和反馈的动态且可持续完善的过程。徐红琳（2005）利用信息论和控制论将绩效管理界定为一个存在反馈机制的控制系统，通过平衡企业内外部活性和适应性，以实现企业预期目标。由此可见，广而言之，绩效管理是一项系统的管理活动，以改进和提高组织绩效为具体管理目的，包括绩效目标的设立、绩效的评估和绩效结果的运用等一系列管理程序。

## 二、预算绩效管理

随着绩效理念在政府管理领域的深入，绩效管理被视为提高政府绩效、推动政府治理创新的有效工具（白皓，易苏欣怡，2017），在现代国家治理中具有举足轻重的地位。绩效管理不仅是评价政府行动效率的技术支撑，也是实施监督和问责的重要依据，可以帮助政府科学合理地分配公共资源，有利于提高政府的公信力和执行力。面对财政压力、信任危机等多重挑战，提高政府效能、重塑政府治理体系和治理方式成为各国政府的明智之举，越来越多的国家开始推进政府绩效管理改革，预算绩效管理也成为国内外学者们研究的重点内容。

### （一）国外研究进展

随着绩效管理理论在企业实践过程中取得的良好效果，一些学者和政府机构开始尝试将绩效管理运用到政府管理领域。20世纪70年代中后期，"新公共管理"理论在西方国家兴起并广泛传播，美国、英国等国家陆续开展"政府流程再造"运动，绩效的理念逐渐被引入政府部门的管理实践中，其中预算领域的改革尤为重要，为了解决政府的财政危机，提高财政预算的效率，节约行政成本，英国、澳大利亚等国家开始对公共支出实行预算绩效管理，树立"以结果为导向"的绩效意识。进入90年代，政府预算的绩效问题开始被学术界关注，在这一阶段，以邓克（Dunk，1993）、希克（Schick，1996）、威洛比和梅可斯（Willoughby & Melkers，2000）为代表的国外学者重点研究了绩效预算的内涵、绩效目标的设定以及如何推进基于绩效的预算管理改革等问题。

21世纪初，绩效评价成为研究人员关注的新领域。贝恩（Behn，

2003）认为，绩效评价是提高财政支出效益的重要手段，考虑到绩效评价方法的多样性，在实际工作中应根据评价对象的具体特征选择有针对性的评价方法（Julnes & Holzer，2001；Nicholson et al.，2006）。芬克豪泽（Funkhouser，2000）通过对美国绩效评价体系的深入研究后强调，尽管完整的绩效评价体系无法离开定性指标，但定量指标的作用最为突出。美国预算管理局开发的项目等级评价工具更是显著提升了政府绩效评价的综合水平（Gilmour，2007），并拉开了新一轮绩效评价量化研究的帷幕（Moynihan，2013）。2008 年全球金融危机和 2011 年欧债危机的爆发，客观上推动了绩效管理在西方国家的实践进程。乔伊斯（Joyce，2011）、本茨等（Bentes et al.，2012）、梅尔尼克等（Melnyk et al.，2014）、马尔达尼等（Mardani et al.，2015）、基斯纳和维戈达 – 加多（Kisner & Vigoda – Gadot，2017）从策略制定、赋权方法、工作流程等不同视角对预算绩效管理进行了更为全面的研究。

**（二）国内研究进展**

国内学者对预算绩效管理的研究始于党的十六届三中全会。党的十六届三中全会首次提出"建立预算绩效评价体系"，学者们围绕预算绩效评价体系的设计原则和基本维度进行了探讨，刘旭涛和许铭桂（2004）从绩效型政府的理念与内涵入手，阐述了如何构建完整的绩效管理系统，吴建南等（2007）对不同绩效管理模式及其指标设计的逻辑进行了梳理，建议在选择上要紧密联系政府组织的职能定位。汪建华（2010）提出预算绩效评价指标体系的五项设计原则：经济指标与公益指标相结合、效益导向与体检自评相结合、总结过往与指导发展相结合、可测定性与可评价性相结合以及个别性与整体性相结合。

党的十八大报告正式提出"推进政府绩效管理"，傅军（2013）指出绩效管理在我国还处于起步阶段，为推动其不断走向成熟，需要尽快实现参与评估主体多元化，同时应高度注重评价结果的应用，以促进政府绩效的真正提升。宋凤轩和孙颖鹿（2016）、卢真（2016）对现阶段绩效管理过程中存在的绩效评价整体缺乏透明度、评价内容不全面、指标体系不完善等问题进行了梳理，并提出应完善绩效预算指标体系、建立绩效问责制度、提高绩效评价第三方力量、强化绩效评价的结果应用，以提高我国预算绩效评价的质量和效率。关于绩效管理的主导机制，曹堂哲（2017）认为应以预算绩效管理部门为主导，郑方辉和谢良洲（2017）在总结"广东模式"的实践经验后，则主张采取由人大主导、政府部门协同、第三方实施的财政绩效评价新模式。

2017 年党的十九大报告明确提出"全面实施绩效管理"，进一步将绩效管理在学术界的研究推向高潮。王泽彩（2018）、夏津津和夏先德（2018）认为全面实施绩效管理意味着绩效管理要覆盖从中央到省、市、县、乡的所有层级政府，要覆盖从一般公共预算到政府性基金预算、国有资本经营预算和社会保险基金预算的"四本预算"，要覆盖所有的财政资金预算单位、预算部门和预算项目。

# 第二节　体育彩票公益金相关文献综述

## 一、彩票和体育彩票

彩票的历史十分悠久，最早可以追溯到两千多年前的古希腊、古罗马时期。近现代意义的彩票出现于 15 世纪的西班牙，但一般认为全球首家公开发行彩票的机构是在意大利诞生的。

根据我国 2009 年颁布的《彩票管理条例》，彩票是国家为筹集社会公益资金，促进社会公益事业发展而特许发行、依法销售，自然人自愿购买，并按照特定规则获得中奖机会的凭证。

综合上述对彩票概念的释义并根据各国彩票业务运行实况，彩票内涵可以提炼归纳为以下几点。

（1）公益性。虽然不同国家的彩票经营方式、管理模式、销售渠道不尽相同，但发行的初始目的都是为了筹集社会闲散资金用于社会发展特别是助力公益事业——"取之于民、用之于民"的彩票公益金对教育、卫生、体育等事业进步具有重要支持作用。

（2）特许性。考虑到道德风险和成瘾倾向，每个国家彩票的发行量、发行频率、产品种类等都是不能随意扩张的，必须接受政府监管，遵循特许发行制度。例如，美国各州根据州议会设立了彩票法，界定彩票委员会的职责，明确彩票发行机构和代销商的权利与义务。英国国家彩票由议会批准发行，采取公开招标的形式，中标机构需取得经营许可证。法国政府具有绝对的彩票监管权，发行机构仅在法律范围内享有经营自主权。

（3）自愿性。纵观近现代各国彩票发展史，购买的自愿性是其突出特征之一，即虽然彩票公益金归属于财政收入，但其并不具有税收的所谓强制性——中奖纳税另当别论，不存在摊派、强卖或定向买卖的情况。

（4）确定性。彩票是概率事件的娱乐化应用，对个体彩民而言，中奖与否以及能否中大奖都是不确定的——这也正是彩票的魅力之一。但彩票的买卖行为形成了购销关系，游戏规则需要在发行前设立并固定下来，以便让社会公众熟知并自愿选择购买与否。换句话说，中奖的不确定性与规则的确定性于彩票而言是相生相伴的。

**（一）彩票研究回顾**

彩票与赌博类似，是一种零和博弈游戏。对理性的投资者而言是糟糕的投资（Thaler & Ziemba，1988）。然而，即便在疫情肆虐的 2020 年，世界彩票总销量仍达到 3108 亿美元。人们为什么会购买彩票？心理学、经济学等领域的专家进行了大量研究。心理学者多从认知理论（Rogers，1998）出发：赢得奖金或满足挑战感（Lam，2007）、获奖的希望（Clarke，2005；

Ariyabuddhiphongs & Chanchalermporn，2007）、社交需求（Coups et al.，1998；Adams，2001；McNeilly & Burke，2001）、减少负面情绪（Trevor-row & Moore，1998；Bruyneel et al.，2005）等都是彩票购买行为的解释原因。经济学家则从需求视角和特殊税收视角两个角度进行展开。

1. 需求视角

彩票作为一种商品，影响其需求的因素主要包括有效价格、收入、人口特征、产品结构等。

从表面上看，彩票价格由彩票发行当局决定且相对稳定，并非影响需求的因素。但其有效价格——对实际价格和预期回报的综合考量，则会随时间和彩票市场发展而不断变化。德博（DeBoer，1986）、米勒和莫雷（Miller & Morey，2003）等发现彩票有效价格对彩票需求的影响是反向的。特别是对于乐透游戏而言，由于其奖池规模会随当期未中的头奖而滚动增长，奖金预期亦相应提高，最终降低彩票的有效价格。德博（1990）、库克和克洛特菲尔特（Cook & Clotfelter，1993）、福雷斯特等（Forrest et al.，2002）、帕帕克里斯托（Papachristou，2006）的研究显示，彩票的需求更大程度上与头奖大小有关；加勒特和索贝尔（Garrett & Sobel，2004）通过对美国135款彩票游戏销量数据的统计分析也证明，彩票销量更多地取决于头奖规模及获奖概率。

收入对彩票需求的影响是研究者们关注的另一重点。这类研究通常采用个人收入、可支配收入或实际总收入等直接可衡量收入的指标来展开（Mikesell，1994；Garrett & Sobel，1999；Garrett，2001；方春妮和陈颜，2019；许熠哲和朱海云，2020），还有一些从贫困率（Blalock et al.，2007）和失业率（Scott F & Garen，1994）等间接衡量收入的变量入手探索其与彩票需求之间是否具有相关性。

人口特征也会影响彩票的需求量。克洛特菲尔特和库克（1987）、基钦和鲍威尔（Kitchen & Powells，1991）认为彩票需求会随教育水平提升而下降，克洛特菲尔特和库克（1990）、基钦和鲍威尔（1991）以及法雷尔和沃克（Farrell & Walker，1999）均发现男性比女性"玩"得更多。另外，种族、年龄、婚姻状况以及人口规模也会对彩票需求产生影响（Clotfelter & Cook，1990；Jackson，1994；Farrell & Walker，1999；刘圣文，2018；钟亚平和李强谊，2019）。

此外，由于彩票发行机构通常会提供多种产品，且彩票可能与其他类型的赌博共存，故彩票产品之间和彩票与赌博之间是否存在替代关系就成为研究彩票需求问题时不可忽视的切入点。梅森等（Mason et al.，1997）发现，佛罗里达州两个乐透彩票产品彼此之间具有一定程度的替代性；咖利与斯科特（Gulley & Scott，1989）、西格尔和安德斯（Siegel & Anders，2001）、埃利奥特和纳文（Elliott & Navin，2002）的研究也倾向于彩票与其他形式赌博之间存在相互替代的关系。但也有研究显示，乐透彩票产品在发行期间不会对其他彩票产品（Gulley & Scott，1993；Forrest et al.，2004）或其他形式赌博（Steinnes，2012；Walker & Jackson，2008；Forrest et al.，2010；Kearney，2005）的销量产生影响。迈克塞尔和佐恩（Mikesell & Zorn，1987）、格罗特和马西森（Grote & Matheson，2006）、马西森和格罗特（2007）认为，新产品的推出会降低已有彩票产品销量，但也会让彩票产品的销量总规模得以扩大，并且如果新彩票产品在奖金结构和获奖概率上与已有产品差异较大，则会使彩票总销量实现更大程度的增长（Matheson & Grote，2007）。

2. 特殊税收视角

虽然购买彩票是一种自愿行为，但由于彩票销售的部分收益会用于公共事业，这就等于政府变相地向购彩者征收了隐性商品税（Brinner & Clotfelter，1975）。围绕这种特殊税收的累退性，学者们（Livernois，1987；Clotfelter & Cook，1987；Stranahan & Borg，1998；Price & Novak，1999；Worthington，2001；Wisman，2006；Feehan & Forrest，2007；Muñiz & Pérez，2020）展开了长期且激烈的争论。

### （二）体育彩票研究回顾

体育彩票是彩票的一种，国内外学者对体彩的研究可以分为国别研究和专题研究两大类。前者如史密斯（Smith，1992）通过剖析加拿大体育彩票案例来研究怎样高效运作体育博彩业；克劳森和米勒（Claussen & Miller，2001）特别关注了体育彩票在美国的未来增长态势；福雷斯特和西蒙斯（Forrest & Simmons，2003）以英国为例探讨了体育与赌博之间的互存关系；毛等（Mao et al.，2015）基于中国足球彩票数据进行时间序列分析，研究了体育彩票需求的决定因素。后者则涉及面较为宽广，以成瘾专题为例，佩特里和马利亚（Petry & Mallya，2004）指出，美国大学健康中心有3%的员工为问题赌徒；普朗茨克等（Plöntzke et al.，2004）的研究显示，在玩彩票的奥地利体育运动员中有五分之一被诊断为病态彩票赌徒；王斌等（2013）通过调查问卷的方法探讨了影响体育彩民购彩成瘾的因素以及作用机理；李等（Li et al.，2015）根据《问题赌博评估量表》建立了用以鉴定体育彩票赌徒的评估体系，供监管机构进行相关干预工作。

## 二、体育彩票公益金文献综述

### （一）国外研究回顾

彩票公益金是分配给特定的公共服务项目的部分彩票利润（Bell et al.，2020）。学者们一般将体育彩票公益金融入彩票公益金的研究中且多是从公共财政角度对其公平性和效率性进行讨论。在公平性方面，代表性观点指出，那些高收入、高教育水平的群体可能会因为彩票公益金投向慈善、艺术、体育等领域而获得更多收益（Feehan & Forrest，2007），相反某些群体则会受到不公待遇——有着彩票公益金影子的哈佛大学、普林斯顿大学（Matheson & Grote，2008）都是私立高校，但其对在公益金筹集上贡献"突出"的非裔美国人和受教育程度最低的少数群体（Stranahan & Borg，1998）是如众所知的长期漠视。部分学者还对彩票公益金分配空间的公平性进行了探讨，例如，格里帕奥斯等（Gripaios et al.，2010）通过对英国彩票公益金分配区域的统计调查，发现与其他类型财政支出类似，人均彩票公益金在地域上存在一定程度的分布不均衡，伦敦效应、居民资质会对彩票公益金的分配产生积极影响。在效率性方面，学者们围绕彩票公益金的"粘蝇纸效应"展开了长期研究。潘托斯克等（Pantuosco et al.，2007）和贝尔等（Bell et al.，2020）均发现指定为教育用途的彩票公益金能够实际增加高等教育支出。具体来说，当彩票公益金被明确为教育专项时，每投入 1 美元彩票公益金会促使教育支出增加约 0.79 美元，而未指定用途的 1 美元彩票利润只能使教育支出增加 0.43 美元（Novarro，2005）；在基础教育领域，埃文斯和张（Evans & Zhang，2007）用州彩票21 年的面板数据也得出了类似的结果，即指定用途的彩票公益金更有可能增加基础教育（K-12）支出，当然，这些专项资金中有相当一部分是可替代的——1 美元的专项彩票公益金所产生的用于基础教育（K-12）的支出远不到 1 美元；进一步说，拨款教育资金可能使彩票在政治上更可行，但对预算分配未必有太多实际影响（Pantuosco et al.，2007），博格和梅森（Borg & Mason，1988）、斯塔克等（Stark et al.，1993）、施平德勒（Spindler，1995）、兰德和阿尔西卡菲（Land & Alsikafi，1999）、加勒特（Garrett，2001）都发现，不同区域彩票资金作为财政资金后，并没有实现对教育支出的显著增加，甚至有的地区还存在减少情况，一般教育基金正在被稀释和转移，彩票收益被应用于替代已有财政资源。综合这些研究，国外彩票公益金与一般财政资金存在可替代性，投入的彩票公益金无法完全在相应公共事业领域发挥作用，不太可能实现 1 美元彩票专项资金带动 1 美元的教育支出增长的效应（Dye & McGuire，1992）。其中的原因之一是政治机构中的当选官员很可能会操纵专项资金（Barrow & Rouse，

2004；Inman，2008）。贝利和康诺利（Bailey & Connolly，1997）初步评估了英国国家彩票公益金分配结构在避免应用于公益事业中存在替代性的问题，认为英国通过问责制和提高透明度能够比爱尔兰更加保证彩票公益金支出效率，但在实际运行中还需要考虑议会、彩票监管机构、地方当局、彩票合作伙伴以及其他相关组织的行为。

## （二）国内研究回顾

在我国，彩票公益金是按照规定比例从彩票发行销售收入中提取，专项用于社会福利、体育等社会公益事业的资金。[①] 体育彩票公益金是指按照国家规定从体育彩票发行销售收入中扣减发行成本和返奖奖金、累加逾期未兑奖金的净收入部分。体育彩票公益金属于政府非税收入，纳入政府性基金预算管理。

自 1994 年我国正式发行体育彩票、筹集体育彩票公益金至今，体育彩票公益金在展现出推动我国体育事业和社会公益事业健康发展的强大功能的同时，也吸引了众多学者的关注，尤其是围绕体育彩票公益金筹集、分配、使用和监管等核心环节的研究已产出了一系列高质量成果。

体育彩票公益金的筹集、发行成本过高是学者们普遍认同的问题。艾郁（2013）通过对我国体育彩票资金构成变化的分析，发现中央发行费常年结余，地方发行费贫富不均，体育彩票销售网点代销费吃紧，应降低体育彩票发行费比率，调整发行费结构，进一步提升其市场调控作用。

关于体育彩票公益金的分配，王永波和张洪庆（2009）借鉴国外彩票公益金的管理经验，提出我国体育彩票公益金应采用分项支出中的专项支出分配使用方式。易剑东和任慧涛（2014）对公益金的使用和分配研究发现，中央体育彩票公益金被过多地使用在其他社会保障方面，地方体育彩票公益金难以到达基层社区。李丽等（2015）认为目前体育彩票公

---

① 参见《彩票公益金管理办法》。

益金分配使用的民生性逐步彰显，投入群众体育的资金规模在不断增加，但仍未达到《体育彩票公益金管理暂行办法》的规定，公益性有待加强。李刚等（2020）认为目前仅有极低比例的体育彩票公益金被用于足球事业，不能很好地满足《中国足球改革发展总体方案》的政策要求，遵循帕累托改进的思路，应对竞猜型体育彩票公益金的分配模式进行改进，适度将增量资金专用于青少年足球事业，以弥补巨大资金缺口。

在体育彩票公益金使用方面，缺乏监督机制、挤占挪用和资金沉淀现象突出是学者们发现的共性问题，并据此提出了加强监督检查、加大惩戒力度、建立跟踪问效机制等对策建议。李毳和欧阳昌民（2006）通过分析我国体育彩票公益金运用现状，发现存在的主要问题是发行成本过高、法律法规不健全、缺乏高效监管机制、部分地区存在挪用公益金现象，建议从存量和增量两个层面调整优化体育彩票资金使用方向及结构，加强对公益金使用情况的动态监测，加大惩戒力度，减少挪用公益金行为。王占坤和陈国瑞（2014）对浙江省体育彩票公益金的运用进行了调研，发现体育彩票公益金的投放结构不尽合理，资金沉淀量较大。

在体育彩票公益金监管方面，已有研究认为缺乏相关法规制度是监管不到位的主要原因之一。蒲俊利（2013）、曹庆荣和李紫浩（2017）专门针对体育彩票公益金相关法律法规制度层级低、条款少、操作性差的问题提出了解决思路，即完善法律法规框架、建立听证制度和公益诉讼制度、细化审批制度、强化信息公开制度以及出台配套规定和执行细则等。

体育彩票公益金的绩效表现是近年来学术界关注的焦点。对体育彩票公益金进行绩效评价和审计有助于防范公益金使用过程中出现的风险，提高资金使用效率，但是，目前我国体育彩票公益金的绩效评价和审计并没有充分发挥作用，存在审计内容过于单一、评价指标缺乏科学性、定期跟踪审计不足的缺陷（由会贞和李海霞，2015）。邵玉红（2014）提出了体育彩票公益金绩效评价的思路，认为首先应明确体彩公益金的主要支出用途，其次建立公益金评价指标，包括业务指标和财务指标，最终采用全过程控制管理的方式开展绩效评价。马磊（2014）分析了体育彩票公益金审计中的盲区及失灵原因，建议今后体育彩票公益金要开展更深更广的审计，同时构建跟踪审计机制。闵志刚和赵华（2014）分析了体育彩票公益金绩效审计工作中的不足，构建了体育彩票公益金绩效审计基本框架，对销售、分配、使用、内控、评估五个环节的审计重点进行了阐释。以此为基础，赵璐（2016）进一步指出，要明确审计时限、统一审计报告格式、促进审计信息公开，同时引入第三方独立社会审计也是完善体育彩票公益金绩效审计监督体系的有效措施。

体育彩票公益金的社会作用同样是学者关注的主题之一。陈彦林（2003）的研究表明，体育彩票业的发展能够促进全民健身计划的实施、为我国体育事业发展提供经济支持、有利于社会资源的再分配以及带动就业，助推体育事业蓬勃发展。李刚（2008）在《对当前我国体育彩票业社会福利效应的评价》中指出，我国体育彩票资金的再分配具有发展体育事业和筹建公共体育项目的公益性，但随着越来越高比例的公益金被安排用于补充社会保障基金，体育彩票公益金的公益性正在遭受一定程度的破坏，公益金的整体社会福利效应偏负。刘辛丹等（2017）基于体育基础设施传导的视角研究了体育彩票公益金与居民健康之间的数量关系，发现体育彩票公益金的增加对社会居民健康状况有明显的促进作用。白宇飞和臧文煜（2019）认为体育彩票公益金作为体育产业重要的融资工具，弥补了体育产业发展的资金缺口，在推动体育产业健康成长的过程中发挥着不容忽视的作用。

# 第三节　文献述评

从站在结果观、行为观、统一观角度对绩效内涵的多维界定，到将绩效理念应用于管理中产生的绩效考核，再到更加注重系统性管理过程以及公司和个人全面发展的绩效管理逐渐取代绩效考核，绩效在实践和研究层面均不断向纵深发展。随着在企业管理中应用的愈发成熟，20世纪70年代中后期，绩效理念逐步进入欧美政府工作部门的视野。20世纪90年代，政府预算绩效管理问题开始备受国外学术界关注，并在绩效预算内涵、绩效预算评价方法、绩效预算策略制定、绩效预算工作流程等方面进行了较为全面的研究。相较而言，国内预算绩效管理的实践和研究起步略晚：2003年党的十六届三中全会首次提出要"建立预算绩效评价体系"，2008年党的十七届二中全会通过的《关于深化行政管理体制改革的意见》强调要"推行政府绩效管理和行政问责制度"，2013年党的十八届三中全会通过的《中共中央关于全面深化改革若干重大问题的决定》提出"严格绩效管理"，2017年党的十九大明确提出"全面实施绩效管理"的要求，2018—2022年政府工作报告无一例外地对预算绩效管理进行了强调。与此同时，学术界对绩效管理的研究也逐步深入，从预算绩效评价不断向全过程、全方位、全覆盖的预算绩效管理阶段迈进。从国外和国内绩效管理的研究发展脉络来看，动态纵深化是其共同特点，两者主要差别在于国外研究相对中观和微观，国内研究则偏向宏观。在党的十九大提出全面实施绩效管理后，国内绩效管理研究无疑应更为具体化、更显针对性，尤其有必要就包括体育彩票公益金在内的不同类别财政资金的绩效管理问题展开具体研究，以系统落实全面绩效管理的总要求。

彩票研究方面，国外学者主要从心理学和经济学领域具体展开，基于经济学视角，彩票作为一种特殊商品具有隐性筹资的功能，当然其需求会受到有效价格、收入、人口特性、产品结构等因素的影响，也持续面临累退性的争议。具体到彩票公益金的研究，国外学者的讨论集中在公平性和效率性上，国内学者的关注点则主要在筹集、分配、使用、监管等环节。客观而言，国内研究对体彩公益金管理过程存在问题的把握较为准确，不足之处是提出的对策多为方向性建议而少有细节性阐述，且对新一轮财税改革的精神体现不充分、不到位，对体育彩票公益金管理的研究仍停留在绩效审计阶段，并未真正展开绩效管理的深入研究。因此，未来体育彩票公益金管理的相关研究有必要结合党的十九大对财税改革提出的明确要求更为系统和务实地展开。

综上所述，通过对绩效管理和体育彩票公益金管理的研究动态的梳理，不难发现，将绩效管理具体化、落实"全面实施绩效管理"的要求将是我国未来公共管理研究的重点问题。目前，少有文献将绩效管理和体育彩票公益金管理结合起来，对于彩票公益金的绩效管理问题仅仅局限在绩效评价、绩效审计角度，能够系统研究体育彩票公益金的绩效管理机制的文献尚非常有限。因此，本书力求将绩效理念深度融入体育彩票公益金预算管理全过程，通过构建一个架构合理、针对性强、运行顺畅的体育彩票公益金绩效管理闭环系统，贯彻落实党的十九大提出的全面实施绩效管理要求，有效解决体育彩票公益金现行管理中存在的诸多问题，真正实现体育彩票公益金高效使用。

# 第三章　体育彩票公益金绩效管理
# 发展历程及面临的挑战

近 30 年来，我国体育彩票业经历了从破冰起步到奋进超越，从蓄势调整到高歌猛进，再至强化责任的五个发展阶段。在此过程中，体育彩票市场规模大幅增长，"十三五"时期的累计销售额更是突破 1 万亿元大关。体彩销售收入的"水涨船高"自然带动了公益金量级的扩升，但同时也对其使用效益提出了更高的要求。客观而言，党的十八大以来，绩效理念已逐渐融入彩票公益金管理之中，体彩公益金在群众体育、竞技体育等领域发挥的作用有目共睹，不过，"重筹集轻管理、重使用轻监督"的弊病仍未根本消除，立项随意、进度无序、透明度低、挤占挪用、闲置沉淀等问题还比较突出，距离全面绩效管理的目标尚有较大差距。

## 第一节　体育彩票的发展历程

我国现代意义上的体育彩票萌芽于 1984 年出现的体育奖券。1984 年 10 月，为举办北京国际马拉松赛筹集资金，中国田径协会与中国体育服务公司发行了"1984 年北京国际马拉松赛奖券"。同年 11 月，为募集资金建设省体育中心，福建省发行"振兴福建体育奖券"。随后，其他城市开始效仿，陆续发行体育奖券为当地体育事业的发展筹集资金。1989 年 8

月，北京举行第十一届亚运会基金奖券的首发式，这是新中国成立以来第一次在全国范围内发行体育奖券，购买奖券支持亚运会成为当时的一种社会风尚，全国各地都出现了排队购买的现象，体育奖券展露了其在全国范围筹集资金的可行性和巨大潜力，同时还调动了广大群众对体育赛事的关注度和参与意识。1992 年 7 月，国家体育运动委员会（以下简称国家体委）正式成立体育彩票筹备组，开展全国统一的体育彩票制度建立的筹备工作，体育彩票事业的序幕即将拉开。

## 一、破冰起步阶段（1994—1999 年）

1994 年是我国体彩事业的元年。当年 3 月，《国务院办公厅关于体育彩票等问题的复函》同意为举办大型体育运动会筹集部分资金适量发行体育彩票，并明确由国家体委做好体育彩票的发行、印制及统一分配等工作。4 月，国家体委体育彩票管理中心正式成立。5 月，新中国第一张体育彩票——第 22 届世界跳伞锦标赛即开型体育彩票在四川省问世。7 月，国家体委发布《中华人民共和国体育运动委员会令第 20 号》，开始执行《1994—1995 年度体育彩票发行管理办法》，这是中国体育彩票发展历史上的第一个专业性指导文件。文件中首次对体彩概念进行了解释——以筹集国际和全国性大型体育运动会举办资金等名义发行的、印有号码、图形或文字的、供人们自愿购买并能够证明购买人拥有按照特定规则获取奖励权利的书面凭证，无论其具体称谓和是否标明票面价格，均视为体育彩票。

在破冰起步阶段，体育彩票以即开票为主要产品类型，以大奖组为主要销售方式，并实施销售额度管理方式，同时率先研发和试点了电脑彩票。此外，体育彩票公益金被明确为经国务院批准，从体育彩票销售额中按规定比例提取的专项用于发展体育事业的资金，在管理使用上，按预算外资金管理办法纳入财政专户，实行收支两条线管理。

破冰起步阶段发展历程大事记见表 3－1。

表 3－1                    破冰起步阶段发展历程大事记

| 时间 | 重大事件 |
| --- | --- |
| 1994 年 3 月 | 《国务院办公厅关于体育彩票等问题的复函》批准国家体委在全国范围内发行体育彩票 |
| 1994 年 4 月 | 国家体委体育彩票管理中心（现为"国家体育总局体育彩票管理中心"）成立。此后，全国 31 个省（区、市）相继成立了体育彩票管理中心 |
| 1994 年 7 月 | 国家体委发布《中华人民共和国体育运动委员会令第 20 号》，开始执行《1994—1995 年度体育彩票发行管理办法》，这是体育彩票早期的主要管理政策 |
| 1995 年 12 月 | 中国人民银行印发《关于加强彩票市场管理的紧急通知》，规范了彩票的定义，明确全国只有福利和体育两个彩票发行机构，确定人民银行、福利和体育彩票机构的职责分工，建立了现行彩票管理体制的基本框架 |
| 1998 年 9 月 | 国家体育总局、财政部、中国人民银行联合发布《体育彩票公益金管理暂行办法》 |
| 1999 年 12 月 | 中国人民银行、财政部联合印发《关于移交彩票监管工作的通知》，中国人民银行与财政部之间进行彩票主管职能的移交，移交工作按中央和省级两级进行 |

资料来源：根据国家体育总局体育彩票管理中心相关资料整理绘制。

## 二、奋进超越阶段（2000—2003 年）

在这一阶段，体彩业从计划型管理方式走向了市场化的发展道路，产品类型和销售渠道从单一走向多元，发行销售工作走向了行业领先位置。

《国务院关于进一步规范彩票管理的通知》对彩票公益金的分配比例进行了调整，即要求财政部会同国家体育总局确定体育彩票公益金基数，基数以内的体彩公益金由体育部门继续按规定的范围使用，超过基数的部分则要提交80%至财政部，纳入全国社会保障基金统一管理和使用。体育彩票的部门属性由此开始向国家属性转变。

在奋起超越阶段，电脑体育彩票销售系统在全国落地开通，并快速成为主要销售方式，为体育彩票日后的产品创新和日常化运营打下了基础，也将体育彩票推向了行业领导位置。体育彩票推出的竞猜型游戏——全国联网足球彩票，开启了一个具有独特体育属性的产品类型，上市后就受到广大购彩者和球迷的欢迎。

奋进超越阶段发展历程大事记见表3-2。

表3-2　　　　　　　　　奋进超越阶段发展历程大事记

| 时间 | 重大事件 |
| --- | --- |
| 2000年5月 | 江苏体彩"6+1"第18期，开出江苏体彩电脑型玩法的第一个500万元特等奖（共2注），也是体育彩票史上首个500万元大奖 |
| 2001年9月 | 财政部发布"关于核准《中国足球彩票发行与销售管理办法》及游戏规则的函"，足球彩票登上彩票业舞台 |
| 2001年10月 | 中国足球彩票在北京、天津、辽宁、上海、江苏、浙江、福建、山东、湖北、广东、重庆、四川12个省（市）上市销售。体育彩票迎来了第一个全国联网发行并且突出体育赛事元素的竞猜型游戏，具有划时代的意义 |
| 2001年10月 | 国务院印发《关于进一步规范彩票管理的通知》，强化了对彩票市场的监督管理，调整了彩票发行资金构成比例和公益金分配比例等，并明确要求尽快出台《彩票管理条例》 |
| 2002年3月 | 财政部发布《彩票发行与销售管理暂行规定》，重点就彩票的发行管理、销售管理、安全管理和监督管理作出了更加明确的规定 |
| 2002年9月 | 西藏自治区电脑体育彩票销售系统正式开通，与四川省联网销售"6+1"电脑体育彩票和足球彩票。至此，全国（除港澳台地区外）所有省份都建成和开通了电脑体育彩票销售系统 |

续表

| 时间 | 重大事件 |
|---|---|
| 2003 年 4 月 | "非典"疫情暴发,国家体育总局体育彩票管理中心根据总局的统一布置和要求,积极做好防范工作,确保了职工的身体健康。与此同时,落实"防非典、抓生产"两不误的要求,坚守岗位,最大限度地减少"非典"对体育彩票发行销售工作的影响 |
| 2003 年 8 月 | 国务院批准《财政部关于用彩票公益金安排残疾人事业专项经费的请示》,决定:2003—2005 年,每年安排专项公益金 2 亿元,用于残疾人康复、教育、扶贫和体育运动;2006—2008 年,每年安排专项公益金 1 亿元,用于备战和参加 2008 年残奥会。6 年共安排专项公益金 9 亿元 |
| 2003 年 10 月 | 国务院批准《财政部关于用中央集中的彩票公益金支持农村医疗救助的请示》,决定 2003—2005 年每年安排 3 亿元专项公益金,用于支持中西部地区农村医疗救助 |

资料来源:根据国家体育总局体育彩票管理中心相关资料整理绘制。

## 三、蓄势调整阶段 (2004—2006 年)

在这一阶段,体彩管理未能跟上市场的快速发展,即开游戏的"宝马彩票案"和排列 3 的"和值 14 事件",在这一阶段集中爆发,对体育彩票的社会形象造成负面影响。随后的即开型体育彩票大规模销售停发和排列 3 的"限赔限号"政策,造成了市场的较大波动。体育彩票拟引入的"49 选 6"游戏受挫,而福利彩票"双色球"率先在 2003 年上市发行,在大盘乐透型游戏的市场竞争中,体彩销售陷入被动落后的局面。体育彩票事业面临社会和市场的双重压力。

面对风险挑战,体彩业在系统建设、游戏研发、队伍建设和制度建设等方面投入了更大力量,并逐渐走出了危机,同时也为下一阶段的高歌猛进打下了坚实基础。其中,自主研发的全国电脑体育彩票全热线系统全面上线,标志着体育彩票进入了一个新的发展阶段。全热线是所有权、使用权、管理权统一的系统，安全性好、保密性好、方便快捷、网络管理方便，为当时的销售管理和日后的游戏创新提供了安全保障和技术基础。陆续推出了全国联网销售统一摇奖的"7星彩"和"排列3"游戏，并推出了区域联网单场竞猜游戏。

2006年3月印发的《关于调整彩票公益金分配政策的通知》再次对公益金的分配方式进行了调整并一直延续至今，即彩票公益金在中央与地方之间，按50：50的比例分配；中央集中的彩票公益金，在社会保障基金、专项公益金、民政部和国家体育总局之间，按60%、30%、5%和5%的比例分配；地方留成的彩票公益金，将福利彩票和体育彩票分开核算，坚持按彩票发行宗旨使用，由省级人民政府财政部门商民政、体育部门研究确定分配原则。

蓄势调整阶段发展历程大事记见表3-3。

表3-3　　　　　　　　　　蓄势调整阶段发展历程大事记

| 时间 | 重大事件 |
| --- | --- |
| 2004年3月 | 陕西省西安市发生了"宝马彩票案" |
| 2004年4月 | 国家体育总局体育彩票管理中心启动了体育彩票全热线技术系统建设工作，成都、天津、武汉、广州区域数据中心相继开工建设 |
| 2004年5月 | 财政部要求暂停即开型彩票大规模集中销售方式，"7星彩"开始在全国联网统一销售 |
| 2004年10月 | 经国务院批准，自2005年起取消彩票发行额度管理 |
| 2004年11月 | 排列3、排列5作为全国联网7星彩的附加玩法上市，"猜单双"和"全家和"玩法停售，每周三次开奖。12月8日，排列3、排列5从7星彩主玩法中分离出来，自成玩法，单独摇奖，每日开奖 |
| 2005年2月 | 财政部印发《关于加强排列3、排列5和3D游戏风险管理的通知》，对排列3、排列5和3D游戏风险管理作出规定 |

| 时间 | 重大事件 |
|---|---|
| 2005 年 3 月 | 第一张中国电脑体育彩票热线系统售出的彩票在上海市体育彩票管理中心机房诞生 |
| 2005 年 9 月 | 足球彩票区域联网单场竞猜游戏在北京地区上市 |
| 2006 年 3 月 | 经国务院批准，财政部印发《关于调整彩票公益金分配政策的通知》，决定自 2005 年起，中央与地方按 50∶50 的比例分配彩票公益金 |
| 2006 年 7 月 | 国家体育总局体育彩票管理中心决定将全国电脑体育彩票各游戏销售截止时间统一调整为晚上 8 时，足球彩票各游戏销售截止时间按照竞猜赛程表确定 |
| 2006 年 11 月 | 体育彩票全热线销售系统国家数据及主控中心建设完成并投入试运行 |

资料来源：根据国家体育总局体育彩票管理中心相关资料整理绘制。

## 四、高歌猛进阶段（2007—2016 年）

在这一阶段，彩票业的法制化建设取得重要成果，产品、渠道、技术和管理都有重大突破，市场快速发展，体育彩票发行销售工作迈上了新的台阶。

在规制建设方面。国家体育总局体育彩票管理中心制定并实施了《2007—2009 年体育彩票发展实施纲要》，它是体育彩票发展重要战略机遇期的基础性纲领文件，也标志着体育彩票开始走上战略引领的发展道路。国务院颁布了《彩票管理条例》，随后，财政部、民政部、国家体育总局共同发布了《彩票管理条例实施细则》等规章文件。《彩票管理条例》是在我国彩票事业多年实践与发展的基础上制定的，也是我国发行彩票以来的首部法规，对加强彩票管理、规范市场发展、维护市场秩序、保护参与者的合法权益和促进社会公益事业发展都起到了积极的推动作用。

在产品创新方面。大乐透上市，弥补了长期以来乐透型产品缺少大盘游戏的不足，因而迅速成为体育彩票的支柱型产品；高频游戏上市，填补了该类型游戏的市场空白，以 11 选 5 为主的高返奖率高频游戏推广到全国，成为体育彩票市场新的增长点；以奥运主题即开票为代表的新型即开型体育彩票"顶呱刮"上市，搭建起新的即开票销售管理系统，尤其是汶川地震发生后，顶呱刮筹集了超过 38.3 亿元公益金，全部用于抗震救灾及灾后重建工作，被百姓亲切地称为"赈灾彩票"，重塑了即开型体育彩票良好形象；固定返奖全国联网单场竞猜游戏上市，实现了竞猜型彩票游戏与国际接轨，建立了高效的运营团队和自主管理的风控体系，带动了实体店的升级。

在彩票营销方面。实体渠道数量大幅度增加，从 6 万多个增加到 15 万多个，扩大了对购彩人群的覆盖范围，增加了购彩便利性。随着形象高端化、服务标准化、功能一体化的全国联网单场竞猜专卖店的全国推广，以及实体渠道的形象改造，渠道形象和服务水平大幅度提升。在做大市场的同时，运营管理也上了新的台阶。体彩管理中心实行了"职能管理与项目管理相结合"的组织框架，代替原有的单一职能模式，解决了过去部门间职能空缺、相互脱节的问题；成立了技术领导小组，全面统筹技术安全工作。省（区、市）中心全面建立专管员制度，解决了实体店与省（区、市）中心之间管理脱节、市场信息反馈不及时、沟通不畅通等问题。

在技术系统方面。升级了原有的全热线系统，整合全国联网单场竞猜游戏、高频、即开和概率游戏销售系统，搭建起二代技术平台，使系统更加安全稳定。

高歌猛进阶段发展历程大事记见表 3 - 4。

表 3 - 4 　　　　　　　　高歌猛进阶段发展历程大事记

| 时间 | 重大事件 |
| --- | --- |
| 2007 年 5 月 | 超级大乐透正式上市销售 |
| 2007 年 8 月 | 《2007—2009 年体育彩票发展实施纲要》正式发布实施 |

续表

| 时间 | 重大事件 |
|---|---|
| 2008 年 3 月 | "顶呱刮"问世，首款 3 元即开型体育彩票游戏"好运中国"上市，奥运主题即开型体育彩票在山东省济南市首发 |
| 2008 年 7 月 | 经国务院批准，财政部、民政部、国家体育总局联合印发《关于调整即开型彩票公益金分配办法支持汶川地震灾后恢复重建等问题的通知》，规定从 2008 年 7 月 1 日起，到 2010 年 12 月 31 日止，将中央集中的实体店即开型和中福在线即开型彩票公益金，全部用于四川汶川地区地震灾后恢复重建 |
| 2009 年 5 月 | 全国联网单场竞猜游戏在辽宁省沈阳市、大连市两市正式上市销售 |
| 2009 年 7 月 | 《彩票管理条例》正式施行，标志着彩票管理进入法制化、规范化发展的新阶段 |
| 2010 年 4 月 | 国家体育总局体育彩票管理中心在广西南宁市召开体育彩票"十二五"发展战略研讨会 |
| 2011 年 4 月 | 体育彩票开奖实况开始通过网络直播，接受社会公众和购彩者的监督 |
| 2012 年 3 月 | 《彩票管理条例实施细则》正式实施 |
| 2012 年 12 月 | 体育彩票年销量首次突破千亿元，进入"千亿时代" |
| 2014 年 4 月 | 体育彩票迎来了全国统一发行 20 周年 |
| 2014 年 9 月 | 国家体育总局体育彩票管理中心印发《即开型体育彩票行业渠道发展指导意见》的通知，推动行业渠道拓展工作。 |
| 2015 年 2 月 | 国家体育总局发布《体育总局关于切实落实彩票资金专项审计意见加强体育彩票管理工作的通知》（以下简称《通知》）。《通知》提出，要确保彩票发行销售过程的规范安全，确保彩票资金使用的规范合理 |
| 2015 年 4 月 | 财政部、公安部、工商总局、工信部、民政部、人民银行、体育总局、银监会联合发布公告，要求坚决制止擅自利用互联网销售彩票行为，严厉查处非法彩票，利用互联网销售彩票业务必须依法合规 |
| 2016 年 6 月 | 全国完成了竞彩实体店分级评定工作，进一步明确了渠道建设模式。渠道结构由原来的标准店和升级店两种模式变为旗舰店、标准店、升级店和便利店四种模式 |

资料来源：根据国家体育总局体育彩票管理中心相关资料整理绘制。

## 五、强化责任阶段（2017 年至今）

在这一阶段，责任彩票建设成为体育彩票工作的主旋律。从"负责任、可信赖、健康持续发展的国家公益彩票"总体目标的明确，到"防风险、转方式、增后劲、促发展"工作思路的落实，从《中国体育彩票责任彩票建设三年实施纲要（2018—2020）》的出台，到首个体彩责任报告的发布，再到《中国体育彩票责任彩票管理手册》的制定，体彩业全面进入了稳健发展、强化责任的新阶段。截至 2022 年 3 月 15 日，中国体育彩票自 1994 年正式发行以来累计筹集公益金达到 6339.21 亿元。

强化责任阶段发展历程大事记见表 3-5。

表 3-5 强化责任阶段发展历程大事记

| 时间 | 重大事件 |
|---|---|
| 2017 年 5 月 | 超级大乐透正式发行 10 周年 |
| 2017 年 7 月 | 2017 年体育彩票半年工作会议上，全国体彩系统首次明确了"建设负责任、可信赖、健康持续发展的公益彩票"的发展目标 |
| 2017 年 8 月 | 2017 年全运会期间，中国体育彩票第一次入驻全运村，开展品牌展示和现场售卖活动 |
| 2017 年 12 月 | 体育彩票年发行量突破 2000 亿元，筹集公益金 523 亿元，《中国体育彩票责任彩票建设三年实施纲要（2018—2020）》进入启动倒计时阶段 |
| 2018 年 6 月 | 《中国体育彩票社会责任报告（2017）》发布，体育彩票在责任彩票建设方面迈出了具有重要意义的一步 |
| 2018 年 8 月 | 财政部、民政部、国家体育总局联合公布《关于修改〈彩票管理条例实施细则〉的决定》，并于 2018 年 10 月 1 日起施行 |

续表

| 时间 | 重大事件 |
| --- | --- |
| 2018 年 11 月 | 中国体育彩票超级大乐透、7 星彩、传统足彩和全国联网单场竞猜游戏单注奖金在 1 万元及以下的中奖彩票，在兑奖有效期内可跨省级行政区域进行兑奖。全国 31 个省实现了通兑 |
| 2018 年 12 月 | 中国体育彩票通过世界彩票协会责任彩票三级认证，成为中国大陆第一家获得三级认证的彩票发行机构，标志着国际彩票界对中国体育彩票的认可 |
| 2019 年 1 月 | 国家体彩票中心成立责任彩票管理处，责任彩票组织建设进一步完善 |
| 2019 年 3 月 | 《中国体育彩票 2018 年度社会责任报告》对外发布 |
| 2019 年 6 月 | 国家体育总局体育彩票管理中心组织开展了对全国 31 个省（区、市）的综合调研活动 |
| 2019 年 9 月 | 中国体育彩票累计筹集公益金超过 5000 亿元 |
| 2019 年 10 月 | 国家体育总局体育彩票管理中心在贵州举办了全国体彩中心主任风险防控专题培训班 |
| 2020 年 7 月 | 国家体育总局体育彩票管理中心制定《中国体育彩票责任彩票指标体系》，明确了责任彩票工作范围，为发行销售机构落实责任彩票工作提供了行动参考 |
| 2020 年 9 月 | 《中国体育彩票 2019 年社会责任报告》正式发行 |
| 2020 年 12 月 | 国家体育总局彩票中心在海南海口召开了以"十四五"体育彩票发展规划为主题的战略研讨会，并征求对"十四五"体育彩票发展规划意见 |
| 2021 年 4 月 | 国家体育总局体育彩票管理中心制定《中国体育彩票责任彩票管理手册》，详细阐释了中国体育彩票责任彩票建设工作全貌，明确了责任彩票建设规范，为责任彩票要求的深入落实提供了指引 |
| 2021 年 10 月 | 国家体育总局对外发布《"十四五"体育发展规划》，强调要推动体育彩票安全健康持续发展 |
| 2021 年 11 月 | 国家体育总局与人民网联合发布《2020 年中国体育彩票（1＋31）社会责任报告》 |

资料来源：根据国家体育总局体育彩票管理中心相关资料整理绘制。

# 第二节　体育彩票发行销售情况

　　中国彩票市场由体育彩票市场和福利彩票市场共同构成。自 1987 年福利彩票和 1994 年体育彩票相继发行以来，至 2021 年全国彩票销量已累积达到 48783.11 亿元。[①] 其中，年销售峰值出现在 2018 年，当年的彩票销售额为 5114.72 亿元，[②] 也是自这一年起，体育彩票销量占彩票总销量的比重持续保持在 50% 以上（见图 3-1）。受高频快开彩票规制调整等短期政策扰动和新冠肺炎疫情公共卫生事件的影响，2019 年和 2020 年彩票销量有所下降，但"十三五"期间的彩票总销量仍显著高于"十二五"时期，体育彩票的"十三五"销量同期表现也优于福利彩票并在"十四五"开局之年扩大了优势。接下来，主要按照不同阶段、不同产品、不同地区来分别回溯体育彩票销售情况。

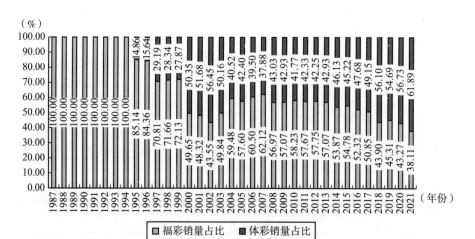

图 3-1　1987—2021 年两彩销量对比情况

资料来源：根据中国彩票年鉴和财政部官网等公开数据整理绘制。

---

[①]　根据《中国彩票年鉴 2021》和财政部公开数据资料计算整理。
[②]　参见《中国彩票年鉴 2021》。

**（一）分阶段销售情况**

在破冰起步阶段（1994—1999 年），体育彩票都是按批准的发行额度进行销售的，1994—1995 年度体育彩票的发行总额为 10 亿元，1996 年增长到 12 亿元，1997 年攀升至 15 亿元，1998 年和 1999 年分别达到 25 亿元和 40 亿元（见图 3 - 2）。

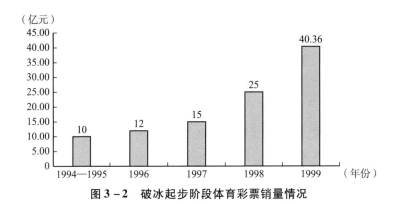

**图 3 - 2　破冰起步阶段体育彩票销量情况**

资料来源：根据中国彩票年鉴和财政部官网等公开数据整理绘制。

在奋进超越阶段（2000—2003 年），体彩销量的整体表现明显优于同期的福彩销量。2000 年，体育彩票年度销量超过 90 亿元，超额完成了 80 亿元体育彩票的发行任务，比 1999 年翻了一番有余，是自 1994 年正式发行体育彩票以来销量增长幅度最大的一年，也是全年销售额首次超过福利彩票的一年；2001 年，足球彩票上市发行，成为体育彩票的一大销售热点，当年体育彩票销量第一次突破百亿大关；2002 年体育彩票销售额再创历史新高，达到 217 亿元的历史高位，超额完成财政部下达的 150 亿元的发行任务，并全面完成全国电脑体育彩票的系统建设。2003 年继续稳定在 200 亿元规模之上（见图 3 - 3）。

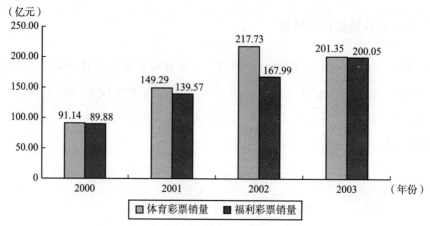

图 3-3　奋进超越阶段体育彩票销量情况

资料来源：根据中国彩票年鉴和财政部官网等公开数据整理绘制。

蓄势调整阶段（2004—2006 年），受西安"宝马彩票案"等因素影响，体育彩票销量受到一定冲击。2004 年缩水至 154.2 亿元，不过，随着彩票发行额度管理的取消、"稳定市场"一系列措施的推出及排列 3 游戏的上市，2005 年体育彩票销售额第一次站上 300 亿元大关，并在 2006 年创造 323 亿元的历史新高（见图 3-4）。

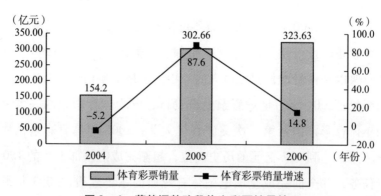

图 3-4　蓄势调整阶段体育彩票销量情况

资料来源：根据中国彩票年鉴和财政部官网等公开数据整理绘制。

在高歌猛进阶段（2007—2016 年）随着超级大乐透、高频 11 选 5、顶呱刮和全国联网单场竞猜游戏等相继上市，体育彩票销量突飞猛进，分别在 2009 年和 2012 年突破 500 亿元和 1000 亿元大关，2016 年的销售额高达 1881.5 亿元（见图 3－5）。

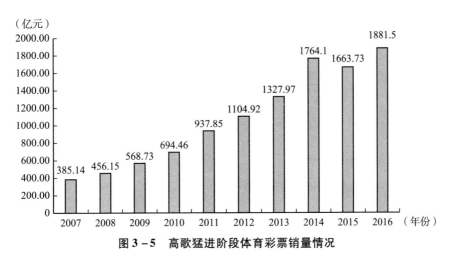

图 3－5　高歌猛进阶段体育彩票销量情况

资料来源：根据中国彩票年鉴和财政部官网等公开数据整理绘制。

在强化责任阶段（2017 年至今），体育彩票不断加强品牌建设，以"建设负责任、可信赖、健康持续发展的国家公益彩票"为总体发展目标，2017 年体育彩票销量首次超过 2000 亿元，2018 年抓住世界杯的契机，销量达到 2869 亿元，刷新了体育彩票销量的纪录，在彩票市场份额超过 50%，达到 56.1%。受 2019 年"211 新政"和"新冠肺炎疫情"的冲击，2019 年、2020 年我国体育彩票销售额有所下降，分别为 2308.15 亿元、1894.63 亿元，不过占彩票总销售额比重仍保持在 55% 左右。2021 年，体彩销量回升至 2310.30 亿元，占彩票市场份额的比重创出 61.89% 的历史纪录（见图 3－6）。

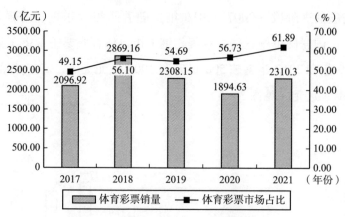

图 3 - 6　强化责任阶段体育彩票销量情况

资料来源：根据中国彩票年鉴和财政部官网等公开数据整理绘制。

## （二）分产品销售情况

我国体育彩票的产品种类主要有乐透型、竞猜型、即开型、视频型（视频电子即开彩票①），从销量而言，以乐透数字型和竞猜型为主。2001年，国足历史性出线，受该事件热度影响和体育彩票玩法的创新，同年推出的传统足彩受到市场的广泛欢迎，当年足球彩票共在 12 个试点城市发行 9 期，就取得了 13.3 亿元的销量成绩，②竞猜型彩票的市场优势初现。随着玩法和场次的不断更新，2009 年"竞彩足球"和"竞彩篮球"产品的发行，以及 2012 年竞彩"混合过关"、2017 年竞彩"自由过关"的上市，将竞猜型游戏推向一个新的阶段，打破了场次限制、创新了投注方式、进一步实现了彩民选择自由，竞猜型产品不断升级完善，助力销量不断增长。2009 年以来，竞猜型产品销量逐步增加，市场份额也随之不断提升，2018 年达到 1655 亿元的销售高点，2018 年和 2019 年两年市场份额均过半（见图 3 - 7）。

---

①　2020 年中国体育彩票发行销售数据公告［EB/OL］.（2021 - 05 - 30）［2021 - 10 - 02］. https：//www. lottery. gov. cn/xxgk/tzggz/20210530/10004570. html.

②　2001 年最后一期足彩全国销售总额卖了 2.2 亿［EB/OL］.（2002 - 01 - 03）［2021 - 10 - 02］. http：//sports. sina. com. cn/o/2002 - 01 - 03/03222510. shtml.

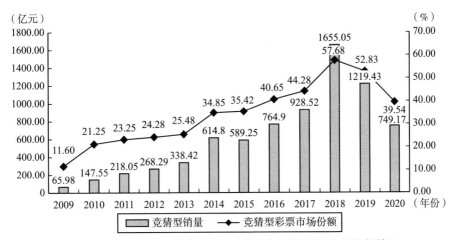

**图 3-7 2009—2020 年全国体育竞猜型彩票销量及市场份额情况**

资料来源：根据中国彩票年鉴和财政部官网等公开数据整理绘制。

2020 年，乐透型彩票的全国销售额为 997.67 亿元，占体育彩票总销售额的半壁江山——52.7%；竞猜型彩票受疫情影响赛事取消等原因缩水幅度较大，销售额为 749.17 亿元，但仍保持有近 40% 的份额，乐透型彩票与竞猜型产品成为体彩销售市场的绝对主力军（见图 3-8）。

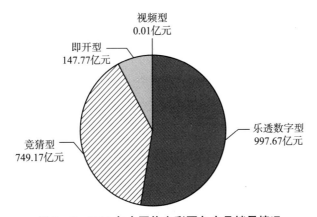

**图 3-8 2020 年全国体育彩票各产品销量情况**

资料来源：根据中国彩票年鉴和财政部官网等公开数据整理绘制。①

———————

① 由于数据处理过程中会有单位变换、保留小数位数、四舍五入等操作，故可能导致分项相加与总项略有出入的情况。

### （三）分地区销售

从全国内地各省份"十三五"时期体育彩票销量数据来看，江苏、广东、山东、浙江、河南的体育彩票销量始终稳定在前5名，河北、福建则一直紧随其后（见表3-6），2020年，这7个省份销量为952.63亿元，超过全国总销量的一半（见图3-9），是名副其实的体彩销量第一梯队。

表3-6　　　　2016—2020年分地区体育彩票销售优势省份情况

| 地区 | 2016年 | | 2017年 | | 2018年 | | 2019年 | | 2020年 | | 年度总计 | |
|---|---|---|---|---|---|---|---|---|---|---|---|---|
| | 销量/亿元 | 排名 | 销量/亿元 | 排名 | 销量/亿元 | 排名 | 销量/亿元 | 排名 | 销量/亿元 | 排名 | 销量/亿元 | 排名 |
| 江苏 | 178.73 | 2 | 201.30 | 1 | 285.24 | 1 | 227.33 | 1 | 195.51 | 1 | 1088.11 | 1 |
| 广东 | 185.03 | 1 | 193.94 | 2 | 247.19 | 3 | 200.91 | 3 | 163.59 | 2 | 990.65 | 2 |
| 山东 | 172.37 | 3 | 181.99 | 3 | 252.41 | 2 | 201.49 | 2 | 148.92 | 3 | 957.18 | 3 |
| 浙江 | 124.37 | 4 | 137.04 | 4 | 206.24 | 4 | 156.15 | 5 | 132.16 | 4 | 755.95 | 4 |
| 河南 | 119.95 | 5 | 133.65 | 5 | 182.80 | 5 | 162.43 | 4 | 130.72 | 5 | 729.56 | 5 |
| 河北 | 107.16 | 6 | 101.03 | 7 | 134.05 | 6 | 100.95 | 6 | 94.93 | 6 | 538.12 | 6 |
| 福建 | 80.58 | 7 | 106.46 | 6 | 120.98 | 8 | 91.54 | 8 | 86.80 | 7 | 486.36 | 7 |

资料来源：根据中国彩票年鉴和财政部官网等公开数据整理绘制。

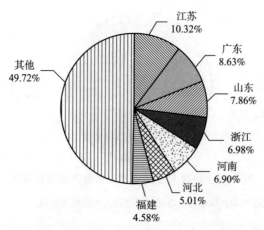

图3-9　2020年全国内地各省份体育彩票销量占比情况

资料来源：根据中国彩票年鉴和财政部官网等公开数据整理绘制。

与之对应，2020 年宁夏、西藏、青海、海南的销量占比均不足 1%，合计占比仅在 2% 左右，可称之为体彩销售的第三梯队，其余居中省份则都位列第二梯队（见表 3-7）。

表 3-7　　　　2020 年各地区体育彩票销量、排名、占比情况

| 地区 | 销量/亿元 | 排名 | 2020 年占总量比重/% | 地区 | 销量/亿元 | 排名 | 2020 年占总量比重/% |
|---|---|---|---|---|---|---|---|
| 江苏 | 195.51 | 1 | 10.32 | 重庆 | 40.78 | 17 | 2.15 |
| 广东 | 163.59 | 2 | 8.63 | 辽宁 | 39.19 | 18 | 2.07 |
| 山东 | 148.92 | 3 | 7.86 | 上海 | 38.18 | 19 | 2.02 |
| 浙江 | 132.16 | 4 | 6.98 | 黑龙江 | 37.58 | 20 | 1.98 |
| 河南 | 130.72 | 5 | 6.90 | 湖南 | 36.63 | 21 | 1.93 |
| 河北 | 94.93 | 6 | 5.01 | 吉林 | 36.09 | 22 | 1.90 |
| 福建 | 86.80 | 7 | 4.58 | 甘肃 | 31.60 | 23 | 1.67 |
| 湖北 | 82.72 | 8 | 4.37 | 天津 | 28.75 | 24 | 1.52 |
| 云南 | 82.34 | 9 | 4.35 | 新疆 | 25.06 | 25 | 1.32 |
| 四川 | 73.76 | 10 | 3.89 | 山西 | 24.41 | 26 | 1.29 |
| 安徽 | 65.53 | 11 | 3.46 | 广西 | 18.98 | 27 | 1.00 |
| 北京 | 53.65 | 12 | 2.83 | 宁夏 | 13.29 | 28 | 0.70 |
| 江西 | 51.72 | 13 | 2.73 | 西藏 | 12.87 | 29 | 0.68 |
| 陕西 | 45.92 | 14 | 2.42 | 青海 | 7.64 | 30 | 0.40 |
| 内蒙古 | 45.39 | 15 | 2.40 | 海南 | 5.68 | 31 | 0.30 |
| 贵州 | 44.26 | 16 | 2.34 | 地区总计 | 1894.63 | — | 100 |

资料来源：根据中国彩票年鉴和财政部官网等公开数据整理绘制。[1]

---

[1]　由于数据处理过程中会有单位变换、保留小数位数、四舍五入等操作，故可能导致分项相加与总项略有出入的情况。

# 第三节　体育彩票公益金的源起

体育彩票公益金是从体育彩票发行收入中按规定比例提取的资金，其源起自然离不开体育彩票的发展。

最早的体育彩票诞生于体育竞技极为活跃的古罗马，以博彩形式出现的体育彩票抽奖活动大大增加了竞技比赛的刺激性和娱乐性，逐渐风靡欧洲，并随着竞技运动的推广流传到世界各地。而现代意义上的体育彩票最早出现在英国，是基于足球比赛发行的竞猜型体育彩票。

作为一种建立在机会均等基础上的公平竞争的游戏，体育彩票出现的初衷并不是简单地作为一种娱乐产品供大众消遣，而是通过体育彩票自身的娱乐性广泛吸收社会闲散资金，从而形成一个资金池。国家发行体育彩票的目的之一也是利用其这一特点筹集社会公众资金，作为财政收入新的来源。筹集到的这些资金除去用于发放奖金和发行费用的部分便是体育彩票公益金，可以用于社会福利、体育等公益事业。如今，体育彩票已经成为世界各国筹集资金、减轻政府财政负担的重要工具。

我国近代历史上最早的体育彩票是 19 世纪上海跑马总会发行的香槟跑马票。新中国成立后，彩票一度被看作赌博的变种而被责令禁止。直到党的十一届三中全会召开后，彩票的"禁区"才逐步被打破。改革开放初期，竞技体育发展的客观需要和群众体育需求的不断增加，迫切地要求大量资金投入到专业体育人才培养和体育基础设施建设中，传统依靠国家财政无偿拨付的方式已"力不从心"，体育经费的严重不足愈发成为制约我国体育事业发展的重要因素，政府急需寻找新的财政投融资方式。有鉴于国外的经验，体育彩票的发行不仅能够吸收大量的社会闲散资金，极大地减轻国家财政负担，还能够一定程度上满足人们的娱乐需求，提升对体育的关注，因此，体育彩票这一融资工具重新进入政府的视野。

为了加快体育事业发展，弥补体育事业经费不足，1994 年国务院批准国家体委成立体育彩票管理中心，统一发行、印制和管理中国体育彩票，开启了体育彩票全国统一发行、规范管理的新篇章。《体育彩票公益金管理暂行办法》《彩票公益金管理办法》《中央集中彩票公益金支持体育事业专项资金管理办法》等文件的陆续出台，更推动我国体育彩票公益金的管理和使用进入法制化、规范化管理轨道。我国体育彩票公益金主要来源于按规定比例提取的体育彩票发行销售收入[①]和逾期未兑奖奖金，其管理和使用按照"收支两条线"原则，实行集中筹资、专户管理。具体地，体育彩票管理中心将体育彩票收入全额缴入省级财政专户，再由省级财政部门按规定的分配比例分别上缴中央财政专户和拨入地方财政专户，各级财政部门负责审核批准，将公益金分配给各级体育行政部门。公益金的使用去向要定期向社会公布，接受公众监督。

如今，体育彩票已逐步成为各级政府发展群众体育、竞技体育的重要资金来源。一方面，在体育彩票公益金的支持下，群众体育工作稳步开展：自 1995 年国务院出台《全民健身计划纲要》以来，体育彩票公益金一直是该计划的重要资金支持，公共体育场地设施不断完善，仅 2019 年一年国家体育总局本级体育彩票公益金就支持地方建设社区健身中心 151 个、体育公园 121 个、健身步道 188 条。[②] 另一方面，近年来我国在竞技体育方面取得的优异成绩也离不开体育彩票公益金的有力支持，"奥运争光计划"一直是体育彩票公益金持续关注的重要领域，无论是 2008 年夏奥会，还是 2022 年冬奥会，无论是奥运赛场上五星红旗的一次次升起，还是奥运健儿在赛场上获得的每一块奖牌，都凝聚着个人自身努力的汗水和国家全方位的投入与培养，也蕴含着体育彩票公益金这一份坚定有力的支持保障。2011—2020 年，国家体育总局共支出 53.94 亿元本级体育彩

---

　　① 不同彩票品种提取比例不同，全国性乐透数字型彩票公益金提取比例约为 36%，地方性乐透数字型彩票大多提取比例为 29%，竞猜型彩票公益金提取比例为 20%，视频型彩票公益金提取比例为 22%，即开型彩票公益金提取比例为 20%，基诺型彩票公益金提取比例为 37%。
　　② 参见《国家体育总局 2019 年度本级彩票公益金使用情况公告》。

票公益金用于支持竞技体育工作,其中,用于重大奥运场地设施建设、国家队备战奥运会及奥运争光计划纲要保障项目 30.61 亿元,高水平体育后备人才培养 11.35 亿元,全国综合性运动会办赛经费 2.30 亿元,国家队转训基地基础设施建设及改善训练条件 6.42 亿元,补助国家队训练津贴 1.66 亿元等。[①] 从优秀运动员的培养发展到运动训练场地设施的改善提高,再到高水平专业体育赛事和大型群众体育活动的举办,都离不开体育彩票公益金的全方位支持。体育彩票公益金在推动我国体育事业不断前进等方面持续发挥着不可或缺的作用,积极助力我国从体育大国向体育强国、健康中国稳健迈进。

与此同时,近年来,为进一步发挥体育彩票作为国家公益彩票、责任彩票的良好社会效益,体育彩票公益金不仅聚焦体育领域,还被广泛用于支持补充全国社会保障基金、教育助学、医疗救助、养老公共服务、脱贫攻坚、抗震救灾等方面,为我国体育事业和社会公益事业的共同发展提供了坚实的助推力量。

## 第四节　体育彩票公益金的筹集与分配情况

体彩资金主要包括奖金、公益金和发行费三部分,虽提取比例会因游戏产品而不同,并随政策而进行年度调整,但是整体而言,公益金与销量是成正比的。体育彩票公益金筹集规模和增速与彩票销量趋势相似,本书将按照销量讨论的角度,分阶段、分地区、分产品回顾体育彩票公益金筹集情况。另外,《彩票公益金管理办法》规定,每年 8 月底前,财政部须向社会公告上一年度全国彩票公益金筹集分配使用情况,省级以上体育行政等公益金使用部门单位每年 6 月底前向社会公告上一年度部门单位使用

---

① 根据 2011—2020 年《国家体育总局年度本级体育彩票公益金使用情况公告》整理。

情况和效果。故本书通过梳理财政部、国家体育总局数年发布的《全国彩票公益金筹集分配情况和中央集中彩票公益金安排使用公告》《国家体育总局年度本级体育彩票公益金使用情况公告》分析体育彩票公益金的具体分配使用情况。

## 一、彩票公益金筹集情况

中国彩票公益金市场包括体育彩票和福利彩票两个部分。不包括弃奖奖金，按彩票销量计算，1987—2020年，全国共筹集彩票公益金12667.20亿元。[1] 其中，体育彩票累积筹集公益金5654.37亿元，福利彩票筹集7012.83亿元。与体彩销量占比超过50%的时间一致，2018年体育彩票公益金在全国彩票公益金中的比重达到51.01%，此后持续增长，2020年已接近54%（见图3-10）。

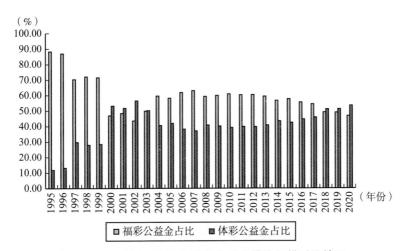

**图 3-10　1995—2020 年两彩公益金筹集规模对比情况**

资料来源：根据《中国彩票年鉴》和财政部官网等公开数据整理绘制。

---

① 参见《中国彩票年鉴2021》。

## （一）分阶段筹集情况

在体育彩票的破冰起步阶段（1994—1999 年），政府部门对体彩公益金的认知逐渐深入。根据《1994—1995 年度体育彩票发行管理办法》，1994—1995 年体育彩票收益金为销售总额去除奖金和发行成本费支出的净收入，收益金占彩票资金的比例不得低于 30%。[①] 1998 年 9 月，国家体育总局、财政部、中国人民银行联合发布《体育彩票公益金管理暂行办法》，明确了体育彩票公益金的来源组成，包括从销售总额中以不低于 30% 的比例提取的资金、下级上缴的部分、公益金利息收入、即开型彩票的弃奖收入等。1994—1999 年，体育彩票的发行额度逐年增加，筹集的体彩公益金规模也在逐步扩张，从 2.25 亿元增加到了 12.11 亿元（见图 3 - 11）。

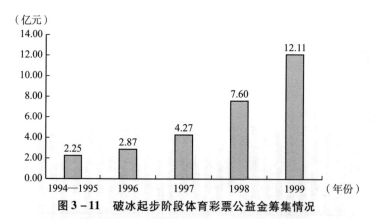

**图 3 - 11　破冰起步阶段体育彩票公益金筹集情况**

资料来源：根据《中国彩票年鉴》和财政部官网等公开数据整理绘制。

在奋进超越阶段（2000—2003 年），体育彩票销量的大幅增长使得体彩公益金规模始终高于同期福彩公益金。2000 年，筹集体育彩票公益金

---

①　根据《1994—1995 年度体育彩票发行管理办法》第十四条，这一阶段的体育彩票收益金即等同于体育彩票公益金。

27.46 亿元，是 1999 年的两倍之多。根据《国务院关于进一步规范彩票管理的通知》，自 2002 年开始，彩票公益金的提取比例提高至不低于35%，体育彩票公益金亦随销量暴涨达到 76.21 亿元的阶段性高点，超过福利彩票公益金近 20 亿元（见图 3 - 12）。

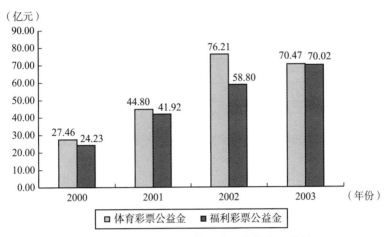

**图 3 - 12　奋进超越阶段体育彩票公益金筹集情况**

资料来源：根据《中国彩票年鉴》和财政部官网等公开数据整理绘制。

在蓄势调整阶段（2004—2006 年），受销量市场的影响，体育彩票公益金的筹集也呈现较大幅度波动。2004 年一度下降到 53.98 亿元，降幅达 23.40%。之后，随着彩票发行销售的放开、排列 3 等新游戏产品上市、彩票公益金分配方式的调整等一系列"稳市场、提销量"政策措施的推行，2005 年体育彩票公益金突破百亿元大关，较 2004 年增长了近 1倍，2006 年回归稳定增长水平，年度实现 106.06 亿元的筹集规模（见图 3 - 13）。

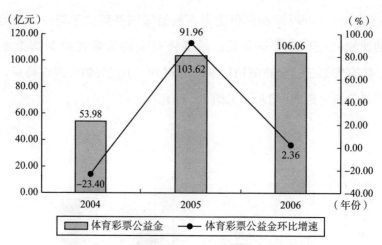

**图 3 - 13  蓄势调整阶段体育彩票公益金筹集情况**

资料来源：根据《中国彩票年鉴》和财政部官网等公开数据整理绘制。

在高歌猛进阶段（2007—2016 年），伴随着体育彩票销量市场的迅猛增长，体育彩票公益金的体量也快速壮大，分别在 2011 年、2013 年以及 2014 年，突破 200 亿元、300 亿元以及 400 亿元的关口，2016 年已高达 475 亿元（见图 3 - 14）。

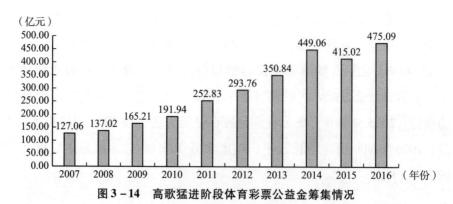

**图 3 - 14  高歌猛进阶段体育彩票公益金筹集情况**

资料来源：根据《中国彩票年鉴》和财政部官网等公开数据整理绘制。

进入强化责任阶段（2017 年至今），借助世界杯、欧洲联赛等的拉动，体育彩票抓住跨越式发展契机，迎来对福彩的再次超越，体育彩票公益金也不断刷新历史纪录，2017 年突破 500 亿元大关，2018 年实现 670 亿元的筹集规模，成为自 1994 年以来的最高值，在公益金总额中占比超过 51%。受 2019 年的"211 新政"、2020 年新冠肺炎疫情等影响，体育彩票公益金筹集规模随销量而有所回落，但占彩票公益金总额的比重仍保持在 50% 以上（见图 3 – 15）。

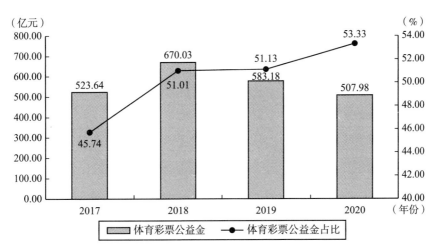

**图 3 – 15　强化责任阶段体育彩票公益金筹集情况**

资料来源：根据《中国彩票年鉴》和财政部官网等公开数据整理绘制。

**（二）分产品筹集情况**

彩票公益金提取比例、返奖比例和彩票发行费提取比例均依游戏类型而有所差异，且会随年度政策会有所变动。例如，相较 2019 年而言，2020 年竞猜型彩票公益金提取比例由 20% 提升至 21%，返奖比例由 71% 减少至 70%；基诺型彩票公益金提取比例由 37% 降至 30%，返奖比例由 50% 提高至 58%，发行费用比例由 13% 减少至 12%。2020 年，全国共有 5 种彩票游戏产品，乐透数字型彩票（包括全国性乐透数字型彩票和地方性乐透数字型彩票）、竞猜型彩票、即开型彩票、视频型彩票和基诺型彩票，按照各自的公益金提取比例，分别筹集 722.91 亿元、153.05 亿元、58.84 亿元、14.95 亿元、2.79 亿元。2020 年逾期未兑奖金为 15.28 亿元，故全国彩票公益金筹集规模为 967.81 亿元。[①] 2020 年不同类型彩票资金分配比例、具体筹集额度等详见表 3 – 8。

表 3 – 8　　　2020 年各类型彩票资金分配比例和公益金筹集规模情况

| 彩票类型 | | 公益金提取比例/% | 返奖比例/% | 发行费提取比例/% | 彩票公益金筹集规模/亿元 |
|---|---|---|---|---|---|
| 乐透数字型彩票 | 全国性 | 36 | 51 | 13 | 722.91 |
| | 地方性 | 29 | 58 | 13 | |
| 竞猜型彩票 | | 21 | 70 | 9 | 153.05 |
| 即开型彩票 | | 20 | 65 | 15 | 58.84 |
| 视频型彩票 | | 22 | 65 | 13 | 14.95 |
| 基诺型彩票 | | 30 | 58 | 12 | 2.79 |
| 逾期未兑奖金 | | | | | 15.28 |
| 2020 年度全国彩票公益金筹集规模 | | | | | 967.81 |

资料来源：根据《中国彩票年鉴》和财政部官网等公开数据整理绘制。[②]

体育彩票共有 4 种彩票游戏产品，即乐透数字型彩票、竞猜型彩票、即开型彩票、视频型彩票，其中竞猜型是体育彩票独有的产品类型。与对全国彩票销量的贡献基本相同，乐透数字型也是体育彩票筹集公益金的最主要品种。"十三五"期间，按照全国各产品的平均提取比例进行估算[③]，从筹集规模总量来说，乐透数字型彩票共筹集公益金 1595.02 亿元，占总筹集规模的 58.45%，是体彩公益金筹集的最主要产品类型；其次是竞猜

---

①② 由于数据处理过程中会有单位变换、保留小数位数、四舍五入等操作，故可能导致分项相加与总项略有出入的情况。

③ 由于未查询到有相关部门按产品分年度对体育彩票公益金筹集情况进行公布的信息，此处按《全国彩票公益金筹集分配情况和中央集中彩票公益金安排使用情况公告》对应年度公布的各产品平均提取比例进行估算，与已公布体育彩票公益金年度筹集规模略有出入。

型彩票，共筹集公益金1003.94亿元，占总规模的36.79%；即开型彩票筹集规模占比仅为4.76%。乐透数字型彩票公益金筹集能力一直远高于其他彩票类型——占比基本保持在50%以上，不仅是因为发行时间早、受欢迎程度高、销量大，还与其较高的公益金提取比例有很大关系——自2016年以来，全国乐透数字型彩票公益金提取比例一直保持在36%，地方乐透数字型彩票公益金提取比例也在2018年由28%提升至29%。与此同时，作为体彩的特色产品，竞猜型彩票在"十三五"期间表现非常亮眼，公益金筹集规模每年都超过除乐透数字型的其他彩票品种（见图3-16），虽然其提取比例目前较乐透数字型低，但随着竞猜型彩票强劲的发展势头，相信随着销量的不断扩大，其公益金筹集能力也会逐步增强。

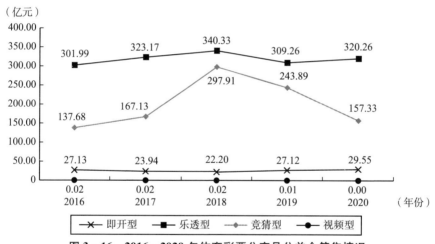

图3-16　2016—2020年体育彩票分产品公益金筹集情况

资料来源：根据《中国彩票年鉴》和财政部官网等公开数据整理绘制。①

**（三）分地区筹集情况**

从"十三五"时期的体育彩票公益金筹集数据来看，全国各省份体彩

---

①　图中数据是根据《全国彩票公益金筹集分配情况和中央集中彩票公益金安排使用情况公告》对应年度公布的各产品平均提取比例进行估算得到的，与已有体育彩票公益金年度筹集规模略有出入。

销售的排名情况基本与公益金筹集情况大致相同。江苏、广东、山东、浙江、河南一直依次稳居前 5 名，河北、福建名次个别年份略有调换，但始终分别处于第 6、7 名（见表 3 - 9）。这 7 个省份不仅属于销售第一梯队，同样属于公益金筹集的排头兵。2020 年，以上省份共筹集公益金 256.78 亿元，占各地筹集总量的 50% 以上（见图 3 - 17），对体育事业及国家公益事业贡献显著。

表 3 - 9 　　　　　2016—2020 年体育彩票公益金筹集优势省份情况

| 省份 | 2016 年 | | 2017 年 | | 2018 年 | | 2019 年 | | 2020 年 | |
|---|---|---|---|---|---|---|---|---|---|---|
| | 公益金/亿元 | 排名 | 公益金/亿元 | 排名 | 公益金/亿元 | 排名 | 公益金/亿元 | 排名 | 公益金/亿元 | 排名 |
| 江苏 | 46.96 | 1 | 51.16 | 1 | 66.50 | 1 | 57.56 | 1 | 51.53 | 1 |
| 广东 | 44.86 | 2 | 47.37 | 2 | 58.15 | 2 | 50.75 | 2 | 43.43 | 2 |
| 山东 | 42.12 | 3 | 44.13 | 3 | 56.86 | 3 | 48.42 | 3 | 38.42 | 3 |
| 浙江 | 32.10 | 4 | 35.24 | 4 | 48.67 | 4 | 40.98 | 4 | 36.57 | 4 |
| 河南 | 30.41 | 5 | 33.54 | 5 | 42.55 | 5 | 39.76 | 5 | 34.76 | 5 |
| 河北 | 27.10 | 6 | 26.17 | 7 | 33.01 | 6 | 26.91 | 6 | 26.44 | 6 |
| 福建 | 22.38 | 7 | 27.30 | 6 | 30.18 | 7 | 26.13 | 7 | 25.63 | 7 |

资料来源：根据《中国彩票年鉴》、财政部彩票公益金使用情况公告等公开数据整理绘制。

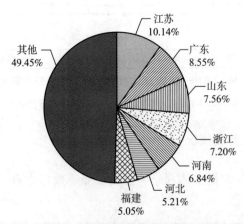

图 3 - 17　2020 年体育彩票各省份公益金筹集占比情况

资料来源：根据《中国彩票年鉴》和财政部官网等公开数据整理绘制。

相应地，2020 年，宁夏、西藏、青海、海南的公益金筹集规模均为 1 亿~4 亿元，占比均在 1% 以下，合计则刚过 2%，在体彩公益金筹集行列属于第三梯队，其余省份位列第二梯队（见表 3 - 10）。

表 3 - 10　　2020 年各地区体育彩票公益金规模、排名、占比情况

| 地区 | 公益金/亿元 | 排名 | 占比/% | 地区 | 公益金/亿元 | 排名 | 占比/% |
|---|---|---|---|---|---|---|---|
| 江苏 | 51.53 | 1 | 10.14 | 上海 | 10.76 | 17 | 2.12 |
| 广东 | 43.43 | 2 | 8.55 | 辽宁 | 10.34 | 18 | 2.04 |
| 山东 | 38.42 | 3 | 7.56 | 黑龙江 | 10.34 | 19 | 2.04 |
| 浙江 | 36.57 | 4 | 7.20 | 重庆 | 9.89 | 20 | 1.95 |
| 河南 | 34.76 | 5 | 6.84 | 吉林 | 9.76 | 21 | 1.92 |
| 河北 | 26.44 | 6 | 5.20 | 湖南 | 9.39 | 22 | 1.85 |
| 福建 | 25.63 | 7 | 5.05 | 甘肃 | 8.71 | 23 | 1.71 |
| 云南 | 23.28 | 8 | 4.58 | 天津 | 7.47 | 24 | 1.47 |
| 湖北 | 20.96 | 9 | 4.13 | 新疆 | 6.61 | 25 | 1.30 |
| 四川 | 19.67 | 10 | 3.87 | 山西 | 6.20 | 26 | 1.22 |
| 安徽 | 17.55 | 11 | 3.45 | 广西 | 4.96 | 27 | 0.98 |
| 北京 | 14.54 | 12 | 2.86 | 宁夏 | 3.74 | 28 | 0.74 |
| 江西 | 13.09 | 13 | 2.58 | 西藏 | 3.57 | 29 | 0.70 |
| 贵州 | 12.40 | 14 | 2.44 | 青海 | 2.13 | 30 | 0.42 |
| 内蒙古 | 12.13 | 15 | 2.39 | 海南 | 1.67 | 31 | 0.33 |
| 陕西 | 12.06 | 16 | 2.37 | 合计 | 507.98 | — | 100.00 |

资料来源：根据《中国彩票年鉴》和财政部官网等公开数据整理绘制。①

①　由于数据处理过程中会有单位变换、保留小数位数、四舍五入等操作，故可能导致加总、占比、排名略有出入的情况。此外，对于辽宁和黑龙江两省的体育彩票公益金规模，当以亿元为单位计数保留两位小数时，筹集数均为 10.34 亿元，不过，当以万元为单位计数保留两位小数时，其公益金筹集数分别为 103376.62 万元和 103375.04 万元，故排名第 18、19 名。

## 二、彩票公益金分配使用情况

### （一）全国彩票公益金分配使用情况

按照《彩票管理条例》等法规条例和国务院批准的彩票公益金分配政策，全国范围内筹集的彩票公益金在中央和地方之间五五分成：中央集中彩票公益金在社保基金、中央专项彩票公益金、民政部、国家体育总局之间以 60%、30%、5%、5% 进行分配；地方留成彩票公益金由省政府会同同级民政、体育部门商讨确定具体的分配原则。《彩票公益金管理办法》自 2007 年开始要求，每年 8 月底前，财政部向社会公告上一年度全国彩票公益金筹集分配使用情况。故本部分主要对 2007—2020 年范围内的中央集中彩票公益金的分配情况以及中央专项彩票公益金的使用情况进行研究。①

1. 中央集中彩票公益金的分配情况

2007—2020 年，中央集中彩票公益金共收入 6416.02 亿元，其中，当年中央留成入库 5683.13 亿元，之前年度结转结余 732.89 亿元。经全国人大审议批准，2007—2020 年中央财政共安排彩票公益金支出 5764.65 亿元，按上述 6∶3∶0.5∶0.5 的比例分配，3379.08 亿元用于全国社会保障基金的补充；1822.15 亿元用于国务院批准、财政部审核的社会公益事项；281.71 亿元用于老弱病残等特殊群体社会福利项目；281.71 亿元用于支持群众体育和竞技体育发展。

2. 中央专项彩票公益金的使用情况

2007—2020 年，中央专项彩票公益金实际支出 1760.78 亿元，对 30 个左右社会公益项目大类进行了资助。

---

① 以下数据为根据 2007—2020 年度《彩票公益金筹集分配情况和中央集中彩票公益金安排使用情况公告》统计整理所得。

按资助时限不同来分类，有长期项目、阶段性项目和一次性项目。长期项目是指至今仍在安排资金且持续支持至少 4 年以上的项目。例如，自 2007 年至今持续 14 年安排资金的，红十字事业支出 45.56 亿元、残疾人事业支出 189.71 亿元、教育助学和大学生创新创业支出 113.5 亿元、医疗救助支出 231 亿元，累积资助达 579.77 亿元；持续安排资金 10 年以上的，扶贫事业支出 157.35 亿元、文化公益事业支出 67 亿元、法律援助支出 12.5 亿元、未成年人校外教育事业支出 222.85 亿元、农村贫困母亲两癌救助支出 19.1 亿元，已累积资助 478.8 亿元；还有年限相对短但预期将会持续安排的，出生缺陷干预救助 7 年支出 10.3 亿元、养老公共服务 5 年支出 49.93 亿元、足球公益事业 4 年支出 15 亿元、支持地方公益事业 4 年支出 200 亿元。阶段性项目是指资助时间较短（2～3 年）且长期持续可能性较低的项目。例如，2007—2009 年，用于北京奥运会项目 24.34 亿元；2013—2015 年，赣南等原中央苏区社会公益事业建设支出 18.6 亿元。一次性项目是指仅在某一年度出现的项目。例如，2014 年，延安八一敬老院迁建支出 0.5 亿元；甘肃岷县漳县地震灾后恢复重建支出 10 亿元；新疆于田地震灾后恢复重建支出 3 亿元；云南鲁甸地震灾后恢复重建支出 10 亿元。

按事业类型不同划分，可分为福利事业项目和体育事业项目，中央专项彩票公益金基本上用于福利事业，若从项目大类上来看，体育事业项目主要是北京 2008 年奥运会和足球公益事业，合计金额仅为 39.34 亿元。

**（二）国家体育总局集中体育彩票公益金使用情况**

2020 年，《中央集中彩票公益金支持体育事业专项资金管理办法》规定，专项资金主要用于落实全民健身国家战略，提升竞技体育综合实力，丰富体育供给，推动群众体育和竞技体育协调发展，加快推进体育强国建设。根据近 10 年国家体育总局本级彩票公益金使用公告统计，2011—2020 年，体育总局本级使用彩票公益金累计约 238.09 亿元，其中，群众体育工作支出为 184.15 亿元，占总支出的 77.34%；竞技体育工作支出为 53.94 亿元，占支出的 22.66%（见图 3 – 18）。

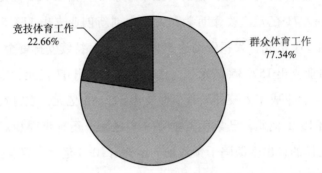

**图 3 – 18　2011—2020 年国家体育总局本级使用彩票公益金主要领域分布情况**

资料来源：根据国家体育总局彩票公益金使用情况公告等公开数据整理绘制。

2011—2019 年，国家体育总局本级用于群众体育工作方面的彩票公益金数额呈上升趋势，且均远高于资助竞技体育工作的公益金数额。2020 年，因疫情影响致群众体育活动骤减与两个奥运筹办备战双重因素叠加，用于竞技体育工作的支出占比大幅攀升至 88.82%（见图 3 – 19）。

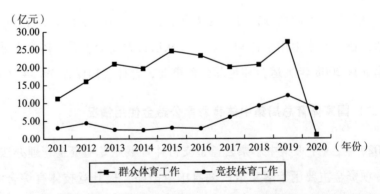

**图 3 – 19　2011—2020 年总局本级体彩公益金用于群众和竞技体育的支出情况**

资料来源：根据国家体育总局彩票公益金使用情况公告等公开数据整理绘制。

# 第五节　体育彩票公益金绩效管理的演变历程

我国的预算绩效管理经历了起步阶段、重点推进阶段和全面实施阶段（王莉莉，2019），体育彩票公益金作为政府性基金预算的一部分，其绩效管理也经历了从无到有的演变历程。

21 世纪以来，随着社会经济快速发展，我国财政收支规模也逐渐增长，预算支出的效率问题日益受到各级政府重视，党的十六届三中全会上提出"建立预算绩效评价体系"，这是中央第一次明确要树立预算绩效评价的理念。2005 年财政部颁布《中央部门预算支出绩效考评管理办法（试行）》，率先在中央部门进行了试点。2007 年党的十七大报告强调"深化预算制度改革，强化预算管理和监督"。2009 年又印发了《财政支出绩效评价管理暂行办法》，为地方政府开展财政支出绩效评价的工作规范做出了指导。在起步阶段，各地和各部门都积极展开了对预算绩效管理工作的探索，进行预算支出绩效评价试点。各地相继确定了绩效评价方法、指标体系等，对教育、科技等项目进行了绩效评价，并逐步扩大改革试点范围。这一阶段，以支出事后评价为重点的绩效评估理念开始进入各部门。而同期的体育彩票公益金管理还处于对投资项目进行监督管理的阶段，尚未建立绩效管理机制。2002 年国家体育总局印发《关于加强体育彩票公益金援建项目监督管理的意见》，明确了对体育彩票公益金援建项目的监管内容，提出分级管理，跟踪问效，制定援建项目评估检查指标体系，重点对援建项目资金使用及管理情况、地方配套资金到位情况、建设进度和质量情况以及项目建成后的使用和管理情况等进行检查，使监督检查切实成为实施管理的有效手段。

2011 年是预算绩效管理的一个转折点，我国开始重点推进预算绩效管理。当年，财政部召开第一次全国预算绩效管理工作会议，并下发了

《关于推进预算绩效管理的指导意见》，强调要充分认识推进预算绩效管理的重要性，提出全过程预算绩效管理理念，要求在预算编制、执行、监督的全过程中融入绩效管理理念，不仅关注钱花的怎么样，还要关注为什么花这笔钱、怎么花，逐步建立"预算编制有目标、预算执行有监控、预算完成有评价、评价结果有反馈、反馈结果有应用"的预算绩效管理机制。这份文件标志着我国从财政支出绩效评价阶段进入预算绩效管理阶段，开始建立了一种新的预算绩效管理机制，扭转了仅关注项目支出绩效评价和事后评价的传统思维。2012 年党的十八大报告提出"推进政府绩效管理"，财政部在《预算绩效管理工作规划（2012—2015）》中确立了预算绩效管理的概念，将其规范为"预算编制有目标、预算执行有监控、预算完成有评价、评价结果有反馈、反馈结果有应用"的全过程预算绩效管理。全过程预算绩效管理理念提出后，各地就扩大项目评价范围、建立事前绩效目标管理等展开了探索和试点。2014 年财政部制定《地方财政管理绩效综合评价方案》，为地方落实全过程预算绩效管理提供了指导。2015 年新《预算法》首次以法律形式明确了我国公共预算收支要实施绩效管理，要求各级预算遵循"讲求绩效"的原则，并对预算绩效管理的各个环节作出了规定，为全面实施预算绩效管理提供了法律依据。

从体育彩票公益金绩效管理的发展来看，2012 年修订的《彩票公益金管理办法》将彩票公益金纳入政府性基金预算管理，2013 年财政部和国家体育总局发布的《中央集中彩票公益金支持体育事业专项资金管理办法》进一步完善了原有的管理制度，开始将绩效管理理念融入体育彩票公益金管理中。但从实践来看，这一阶段体育彩票公益金绩效管理主要是对公益金的使用进行绩效审计，尚未建立预算绩效管理机制。

2017 年，党的十九大报告提出"建立全面规范透明、标准科学、约束有力的预算制度，全面实施绩效管理"，为预算绩效管理的深化改革指明了方向。2018 年《关于全面实施预算绩效管理的意见》对全面实施预算绩效管理进行了顶层设计和部署，要求力争 3~5 年建成全方位、全过程、全覆盖的预算绩效管理体系，吹响了全面实施预算绩效管理的"号角"，我国进入预算绩效管理的新时代（朱美丽，2020）。全面实施绩效管理是要逐步建立以绩效目标实现为导向，以绩效评价为手段，以结果应用为保障，以改进预算管理、优化资源配置、控制节约成本、提高公共产品质量和公共服务水平为目的，覆盖所有财政性资金的绩效管理制度。目前，预算绩效管理在我国已取得了阶段性成效，基本建立了覆盖事前、事中和事后的绩效管理体系，公开项目预算信息的力度、内容、质量有突破性增加、细化和提高，财政资金配置效率明显提高。作为政府预算的一部分，体育彩票公益金自然是全面实施绩效管理的范畴之一。2020 年财政部和体育总局出台《中央集中彩票公益金支持体育事业专项资金管理办法》，要求每年 6 月底前，向社会公告上一年度专项资金的使用规模、资助项目、执行情况和实际效果等，加强对专项资金使用的绩效管理，建立健全专项资金监督管理机制。2021 年，财政部对《彩票公益金管理办法》进行了修订，新《彩票公益金管理办法》由原来的六章二十七条新增至六章三十三条。在分配使用方面，新增了如"加强彩票公益金全过程绩效管理，建立彩票公益金绩效评价常态化机制……""强化彩票公益金绩效评价结果应用……"等规定要求，更加强调公益金使用的公益属性和绩效管理水平。在宣传公告义务履行、监督检察等方面，进一步明确了彩票公益金筹集、分配和使用公告须包括公益金项目绩效目标、绩效目标完成情况等具体内容，增加了截留、挪用、套取、改变用途等违反该办法行为的追责内容，为加强体育彩票公益金使用管理、更好地发挥公益金效益打下了坚实的制度基础。体育彩票公益金预算绩效管理改革由此进一步深化。

## 第六节　体育彩票公益金绩效管理面临的主要挑战

党的十八大以来，我国体育彩票公益金绩效管理工作已经取得一些成就，体育彩票公益金的使用效率也有所提高，但问题同样不少。例如，2014 年审计风暴揭露抽审的体育系统彩票发行费和彩票公益金中违规项目就有 108 项①，挤占挪用、闲置沉淀等问题突出，立项随意、进度无序、资金沉淀、监督不足、透明度低等违规违纪问题频现，"粗线条"的管理导致每年高达数百亿元的体育彩票公益金使用效益偏低。

这些问题暴露出体育彩票公益金管理工作仍存在不少漏洞，尤其是与全面预算绩效管理的要求还相距较远。从现实来看，当前体育彩票公益金绩效管理主要面临以下挑战。

首先，体育彩票公益金绩效目标的管理知易行难。绩效目标管理作为全面绩效管理的起点，既是基础，也是难点。在实际管理过程中，从设定到审批、从调整到应用每个环节都具有挑战性。仅以绩效目标的设定为例，一方面，部分支出项目的预期目标难以转换为可量化的绩效目标，如对全民健身的促进程度等，如何简洁、准确地定性阐述绩效目标是预算部门必须解决的问题。部分目标的设定不具体、不明确，不具备实际意义，或与体育彩票公益金预算支出项目关联度较低，会使得绩效目标的设置如同虚列，失去绩效管理的应有之义，影响体育彩票公益金使用效益的提高。另一方面，绩效目标是在事前根据以往经验和当前环境设定的，考虑到项目运行过程中外部条件和环境的不确定性，体育彩票公益金使用单位往往会设定较低的绩效目标，以避免无法完成目标造成的负效应，而这无疑会认为降低体彩公益金原本可以发挥的效益。此外，体育彩票公益金支出项目的绩效目标涉及多个维度，子目标之间难免存在冲突，亦需要统筹规划。

其次，体育彩票公益金绩效监控的运行机制不畅。一是体育彩票公益金绩效管理信息系统薄弱。体育彩票公益金绩效管理工作涉及面广、数据量大、时效性强，对信息化技术支持要求高。目前各级财政预算单位使用

---

① 体育总局：将落实审计意见 保障体育彩票健康发展 [EB/OL]. （2015 – 06 – 25）[2022 – 05 – 16]. http：//www. gov. cn/xinwen/2015 – 06/25/content_2884335. htm.

的管理系统,多是根据自身需求依托不同软件公司或自行开发的,无法实现上下贯通,也不能真正实现财政、银行、预算单位等的横向联通,难以落实对体育彩票公益金等财政资金的实时监控和有效管理。二是体育彩票公益金绩效管理监控机制建设不健全。过于频繁、复杂的绩效管理监控工作,会增加绩效监控的行政成本,反之若不能及时发现问题,也会弱化绩效监控的预警作用。目前,对于项目运行过程中发现的目标偏差问题,如何监督敦促体育彩票公益金项目实施单位及时纠偏的体制机制尚未建立健全。

再次,体育彩票公益金绩效评价的开展效率偏低。绩效评价作为全面实施预算绩效管理的重要手段,是体育彩票公益金绩效管理的重要一环,如何科学有效地对体育彩票公益金使用进行绩效评价,确保其中枢功能的真正实现是体育彩票公益金绩效管理面临的现实挑战。一是,绩效评价方法和指标的确定难度大。绩效评价方法的选择与评价指标的设计是决定体育彩票公益金绩效评价工作能否高效开展的两个重要因素。从评价方法来看,常用的绩效评价方法有标杆管理法、成本效益法、因素分析法等,不同评价方法的侧重点和适用范围不同,这就需要评价主体对这些评价方法和自身需求足够了解,才能选择或组合出合适的评价方法。从评价指标来看,体育彩票公益金的绩效评价涉及内容较为复杂,包括经济效益与社会效益、短期效益与长期效益等,需要一个科学全面的绩效评价指标体系,但目前体育彩票公益金的评价指标体系设计较为简单,部分指标难以量化,缺乏科学性,不易精准对标绩效目标,而过于复杂的绩效指标体系又会增加绩效评价实施的难度,因此评价主体需要具体权衡。二是,评价主体的能力和积极性会直接影响绩效评价效果。体育主管部门、财政部门和相关预算单位是体育彩票公益金绩效评价的主体,人员数量和评价能力的限制都可能削弱绩效评价的效果。现阶段,社会公众在绩效评价环节的参与度十分有限,虽然按照《彩票公益金管理办法》的规定,体育主管部门、财政部门、彩票公益金使用部门基本能按时公布公益金使用情况报告，但公告内容仅包括公益金的使用规模总数，对公益金投资项目的动态并无具体说明，透明度低，无法真正实现社会公众对体育彩票公益金的有效监督。

最后，体育彩票公益金绩效结果的应用效果不佳。绩效评价的结果应用不足，流于形式，在体育彩票公益金分配和使用的决策上尚未发挥太大作用，也是下一步深入推进体育彩票公益金预算绩效管理亟待解决的问题。

综上所述，当前我国体育彩票公益金绩效管理的各环节均有待完善，要真正实现全面绩效管理的目标，切实提高体育彩票公益金使用效率，就需要强化各环节管理，协调各环节配合，打造全过程闭环，即通过体育彩票公益金绩效管理闭环系统的构建，实现各环节的彼此促进和无缝衔接，进而解决体育彩票公益金分配和使用过程中的一系列问题。

# 第四章　代表性国家（地区）彩票和
# 彩票公益金管理使用情况

## 第一节　英国彩票和彩票公益金管理使用情况

英国彩票业历史十分悠久，早在 16 世纪中叶，为筹集资金修建公共设施，伊丽莎白一世就曾批准发行了全国性彩票。17～18 世纪，以公共或者半公共目的发行的彩票陆续被推出，如 1612 年、1739 年和 1753 年分别为援建弗吉尼亚种植园、威斯敏斯特桥和大英博物馆而发行了相应的彩票。18 世纪末到 19 世纪初，随着非法博彩泛滥成灾和赌博成瘾等问题的暴露，彩票的公益属性一度被湮没，禁止发行彩票的呼声越来越高，1826 年，英国发行了最后一期彩票后，便开启了长达一个多世纪的彩票禁发期。直到 1934 年《赌博与彩票法》的问世和 1976 年《彩票与娱乐法》出台，小范围彩票、私人彩票、社会彩票以及地方政府彩票等才渐渐流行于英国彩票市场。

1993 年，英国国会通过的《国家彩票法》，为国家彩票的发行管理和公益金的使用分配奠定了法律基础，随后英国正式推出国家彩票，并将合法收益应用于健康、教育、环境、慈善、体育、文化、遗产等领域中。2005 年《博彩法》的颁布进一步推动英国彩票业步入法制化轨道。

目前，英国国内主要有国家彩票、社会团体彩票、地方政府彩票、偶发的非商业彩票、顾客彩票、私营彩票等类型。其中，国家彩票的影响力最大，销量也远超其他类型彩票。购彩者可以通过数万家遍及全国的彩票代销点以及超市中的便捷支付点购买，也可以通过在国家彩票官方网站注册账户进行在线购买或手机支付。

## 一、英国国家彩票运作机制

英国国家彩票于 1994 年 11 月经议会批准正式发行，文化、传媒和体育部（Department for Culture，Media and Sport，DCMS）是其归口管理单位。国家彩票采取企业承包的特许经营模式，特许运营商需通过公开招标程序获取资格，运营牌照由英国博彩委员会（UK Gambling Commission，UKGC）颁发，后者同时对国家彩票运营实行全方位监管。国家彩票公益金的主管机构是国家彩票分配基金会（National Lottery Distribution Fund，NLDF），具体业务由国家彩票社区基金会、体育类委员会、艺术类委员会、国家彩票遗产基金会负责。此外，英国国家审计署（National Audit Office，NAO）也会对国家彩票的组织运行进行审计监督，财政部则负责征收彩票税（见图 4 – 1）。

## 二、英国国家彩票组织管理机构

根据上述运作机制，英国国家彩票的组织管理主体有以下四个。

一是文化、传媒和体育部。文化、传媒和体育部是国家彩票最高行政管理机构，负责顶层规制制定和修订，并对英国博彩委员会进行评估，以保证其有足够的能力行使好对国家彩票的监管职能。

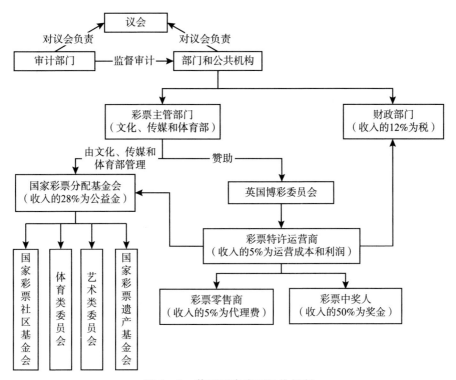

**图 4 - 1　英国国家彩票运作机制**

　　二是英国博彩委员会。英国博彩委员会是国家彩票的监管部门。事实上，在国家彩票发行的早期，行使监管职责的机构是国家彩票办公室（Office of the National Lottery，OFLOT），其在 20 世纪末被国家彩票委员会（National Lottery Commission，NLC）取代。国家彩票委员会具有国家彩票运营牌照的发放、运营商选择、牌照竞标活动组织等职能以及在必要情况下对运营商进行处罚和撤销牌照的权力。其下设监察、授权、绩效和客服四个部门：监察部门能够快捷方便地访问运营商的操作系统和记录，对运营商的活动进行全面核查，同时还有一系列专题调研的职能；授权部门负责对彩票运营商及其上市游戏种类的审核，保护彩民权益及国家彩票品牌形象；绩效部门密切监控全国彩票的销售情况，并委托第三方机构进行独立研究，以保障国家彩票的健康发展；客服部门主要负责听取并处理彩民们提出的相关问题。由于国家彩票委员会在 2013 年并入英国博彩委员会，故近年来一般将英国博彩委员会等同于国家彩票的监管机构。英国博彩委员会是一个非政府部门性质的公共机构，由文化、传媒和体育部赞助，主要职能包括为提供博彩服务的个人和企业（含国家彩票）颁发经营许可，对英国的博彩业（含国家彩票）进行监管、建议和指导，致力于建立更加公平的市场、保障消费者的权益、促进彩票公益金（含国家彩票公益金）筹集效率最大化。

三是彩票特许运营商。英国国家彩票的运营实行招标制，中标后的特许运营期为 7 年。特许运营商主要负责国家彩票的产品设计、制作和销售，为彩民和获奖者提供服务，以及为健康、教育、环境、慈善、体育、艺术、遗产等领域的好项目筹集资金。自 1994 年国家彩票发行至今，卡梅洛特公司（Camelot）一直是运营牌照的独家持有者。

四是国家彩票分配基金会。国家彩票分配基金会隶属于文化、传媒和体育部，当彩票销售收入转移到国家彩票分配基金会后，其会按相应规则计算彩票公益金规模并将之交由国家彩票社区基金会、体育类委员会（英格兰体育委员会、北爱尔兰体育委员会、苏格兰体育委员会、威尔士体育委员会、英国体育委员会）、艺术类委员会（英格兰艺术委员会、北爱尔兰艺术委员会、威尔士艺术委员会、英国电影学院、创意苏格兰）、国家彩票遗产基金会来审核使用，支持相关项目。

## 三、英国国家彩票公益金的筹集

英国国家彩票公益金的筹集比例一般为销售收入的 28%。具体来说，转移到国家彩票分配基金会的彩票销售收入主要包括奖金、税、运营商成本与利润、零售商佣金、公益金五个部分，其中，奖金占比 50%，税为12%，运营商成本和利润约为 5%，零售商佣金为 5%，剩下的 28% 就是彩票公益金。2020—2021 财年通过发行国家彩票筹集的公益金为 18.3 亿英镑。[①]

## 四、英国国家彩票公益金的使用

英国国家彩票始终倡导"彩票所得用于扶持有益于社会公众的美好事业"理念，自 1994 年 11 月推出至 2021 年 5 月，国家彩票已累积筹集超过 430 亿英镑公益金。[②] 这些公益金按照 40%、20%、20%、20% 的比例用于英国的社区（包括健康、教育、环境和慈善事业）、体育、艺术、遗产四大版块，具体由国家彩票社区基金会、英格兰体育委员会、英格兰艺术委员会、英国电影学院、国家彩票遗产基金会等十余家机构审核批复使用。

体育类委员会（英格兰体育委员会、北爱尔兰体育委员会、苏格兰体育委员会、威尔士体育委员会、英国体育委员会）可以用彩票公益金培养运动员以及资助重要赛事，如果用在基建方面，则所报项目必须符合有关运动项目的设计标准、质量和技术要求，建筑物必须提供残疾人通道，俱乐部必须附属于某个运动项目的管理机构。经体育类委员会认可的 111 个体育运动和健身项目都可以申请使用公益金，但必须拥有有效的合作资金以确保项目的完成。国家彩票公益金与其他公共基金不同之处是可以跨年度使用，这样可以为大型项目累积资金。任何人均可以申请彩票公益金资助，不过，要获得资助，申请人必须证明特定领域的人群将如何受益，概述组织工作及预算情况。自 1994 年启动以来，已有超过 56 万个项目受益于国家彩票公益金的资助，[③] 2012 年伦敦奥运会就获得了最大单笔支

---

① Gambling commission annual report and accounts［EB/OL］.（2021 – 08 – 19）［2021 – 10 – 02］. https：//www. gov. uk/government/publications/gambling-commission-annual-report-and-accounts – 2020 – 21.

② Annual report & accounts 2020 – 2021［EB/OL］.［2022 – 03 – 31］. https：//assets. publishing. service. gov. uk/government/uploads/system/uploads/attachment_data/file/1012187/3115_GC_AR_2020 – 21_AccessTag_AW2_2020. pdf.

③ Lottery funding［EB/OL］.［2021 – 10 – 02］. https：//www. national-lottery. com/lottery-funding.

持——22 亿英镑。

## 五、英国国家彩票公益金的监管

如前所述，作为特许运营商，卡梅洛特公司需将彩票销售收入转至国家彩票分配基金会账户，由国家彩票社区基金会、英格兰体育委员会等多家机构用于法案规定的支持领域。作为对国家彩票的运营进行监督的主要机构，英国博彩委员会不仅会审查获奖者是否及时领取奖金，运营商的彩票收益和无人认领奖金（一般 180 天内未认领就等同为无人认领）是否定期按规定转移至国家彩票分配基金会账户中，也会监督公益金是否及时分配出去并真正让获资助项目受益。例如，如果发现一个公益金项目尚未达到资金使用标准，或分阶段支付项目在进行的过程中无法达到使用下一阶段资金的条件，就会将公益金暂交由国家债务削减委员会（Commissioners for the Reduction of the National Debt，CRND）进行投资，直到能够达到使用要求为止，投资收益用于补充公益金盘子。需要指出的是，英国国家审计署同样是公益金分配使用情况的监管部门。

## 第二节　美国彩票和彩票公益金管理使用情况

彩票在美国的发端比其建国还要早，先后经历了殖民地时期的起步与成长、独立战争到南北战争时期的快速发展、20 世纪 60 年代至今的规范管理三个重要阶段。目前，美国的 45 个州和华盛顿哥伦比亚特区都有各自合法的彩票。① 联邦制下的各州独立发行、独立使用、独立监管成为美国彩票业的标志特征，彩票公益金已是各州财政收入的一项常态化来源，

---

① US state-by-state gambling laws [EB/OL]. (2021 - 11 - 24) [2021 - 12 - 11]. https：//www. letsgambleusa. com/laws/.

在基建、环境、医保等领域发挥了重要作用，在教育方面的贡献尤其不可替代。

## 一、彩票业在美国的发展历程回溯

### （一）起步与成长阶段：殖民地时期

17～18 世纪，英国在北美建立殖民地的同时，也将彩票带到了这里。在此阶段，由于 13 个殖民地普遍缺乏稳定财源，而加税又不受民众欢迎，所以彩票就成为一种有效的筹资手段。殖民地时期的彩票发行主要是由私人非营利机构进行的，彩票收益主要用于资助教育事业和公益性工程。

在教育方面，包括哈佛、耶鲁等全球最顶尖的大学都曾借助彩票筹资建造校舍。例如，1747 年，康涅狄格州立法机关授予耶鲁大学筹款 7500 英镑的许可；1765 年，哈佛大学获得马萨诸塞州立法机关的批准，进行价值为 3200 英镑的彩票集资。此外，据统计，独立战争爆发前，佐治亚州先后举办过近 20 次彩票发行，用于资助中小学校舍的建设；密西西比州、肯塔基州、北卡罗来纳州也都曾为筹集支持公共教育的经费而发行彩票。

在公益性工程方面，纽约州和弗吉尼亚州都曾将彩票收益用于建设防御工事，新泽西州的教堂维修与码头建设都得到过彩票的支持，马萨诸塞州则把发行彩票的所得用于支持造纸业。

### （二）快速发展阶段：独立战争到南北战争时期

独立战争期间，如何筹集足够的资金以解决军队开支问题成为摆在大陆会议面前的巨大难题。相比征收税费和发行债券，彩票的优越性再次显现。1778 年，马萨诸塞州为了招募民兵，通过发行彩票筹集了 75 万英镑，后又筹集逾两万英镑为军队购置服装。纽约州、佛蒙特州、罗得岛州、南卡罗来纳州、北卡罗来纳州、弗吉尼亚州等也陆续效仿。①

独立战争结束后，年轻的美国马上面临基础设施落后的现实掣肘。为了筹集资金修路架桥、开凿运河，美国开国元勋、现代金融体系的构建者、首任财政部长汉密尔顿专门发表了《关于发行彩票的若干构想》的文章。汉密尔顿指出，彩票的成功发行需具备两个基本条件：一是游戏规则要简单，容易被大多数潜在的购买者理解；二是价格必须低廉。他特别强调，"为了获取大笔收益的机会，每个人能够并愿意花一点小钱"②。有汉密尔顿的支持，加上各州财力确实捉襟见肘，彩票业进入高速发展阶段。有资料显示，独立战争后的 10 年中，全美范围内的彩票发行活动就达百次；从 1790 年开始，到南北战争爆发前，共有 24 个州将彩票收入用于建造运河、桥梁、监狱、医院、孤儿院、图书馆、教堂和学校建筑。③

不过，高速发展的过程中，私营企业发行彩票的弊端也逐渐暴露，舞弊和欺诈丑闻在 19 世纪上半叶接连不断，尤其是 1818 年的"医学彩票"事件和 1823 年的"大彩票"事件的发生，直接引发了此后持续多年的反彩浪潮，宾夕法尼亚州、纽约州、马萨诸塞州等相继宣布停止彩票销售。到南北战争爆发时，仅有德拉华州、肯塔基州、密西西比州等少数几个州仍有彩票流通。尽管战后重建一度让彩票业再度复兴，但随着金融体系的日趋完善和政府筹资手段的多样化，加之反对彩票私营发售的声音依旧强烈，这次所谓的复兴最终也是昙花一现。

## （三）规范管理阶段：20 世纪 60 年代至今

在 19 世纪末到 20 世纪中叶这段时期，彩票在美国各州均是禁止销售的。直至 1964 年，新罕布什尔州率先开禁，紧接着，纽约州和新泽西州

---

① Landauer B C. *Some Early American Lottery Items* [M]. New York：Harbor Press, 1928.

② Nibert D. *Hitting the Lottery Jackpot：State Governments and the Taxing of Dreams* [M]. New York：Monthly Review Press, 2000.

③ Brenner R, Brenner G A. *Gambling and Speculation：A theory, a History and a Future of some Human Decisions* [M]. New York：Cambridge University Press, 1990.

分别于 1966 年和 1970 年效仿，其他州也不断跟进。时至今日，彩票在美国 50 个州中的 45 个以及华盛顿哥伦比亚特区都合法存在且由官方垄断经营管理。

## 二、联邦体系下的各州独立管理制

美国是联邦制国家，各州相对独立运转，彩票通常也是在州内流通①，受所在州相关法规监管，因此，并没有所谓的国家彩票——各州独立发行彩票、独享彩票公益金是美国彩票业的鲜明特征。吸取了起步和成长阶段、快速发展阶段由州内私营企业发售彩票的教训，20 世纪 60 年代以来，各州都实行对彩票的政府垄断经营策略，并建立了比较完善的监管体系。

### （一）彩票发售与监管

彩票委员会和彩票公司是各州彩票体系的核心，前者是彩票业的最高监管机构，后者负责彩票发行及日常运作事宜。具体来说，彩票委员会主要负责彩票发行的监督和政策的制定，设主任 1 名，经州长提名和州议会投票通过后，由州长正式任命。彩票公司经州议会批准成立，对彩票委员会负责，并且具有以下权力：各种彩票的发行权；彩票的发行与经营工作；对彩票代销商进行资格认证，决定是否发放代销牌照；如发现代销商存在欺诈行为，收回其代销牌照；通过授权方式，建立本州的彩票销售体系。每个州原则上只能有一家彩票公司，其内部通常会设立如财务部、市场调研部、集团客户部、市场营销部、运营部、公共关系服务部、法务部、秘书处、技术维护部、人力资源部、内部审计部、企业项目管理部、

---

① 这并不意味着彩票在美国完全不能跨州流通，事实上，美国彩票历史上和现今都有跨州彩票，只不过种类相对各州彩票来说非常少。比较有代表性的跨州彩票有：缅因州、新罕布什州、佛蒙特州于 1985 年联合推出的"三州百万奖乐透彩票"，爱荷华州、堪萨斯州、密苏里州、俄勒冈州、罗得岛州、西弗吉尼亚州和华盛顿哥伦比亚特区于 1988 年联合发行的"乐透美国彩票"，"强力球""超级百万"则是近年来非常受欢迎的多州联销彩票。

特别顾问部等若干部门。例如，加利福尼亚州 1984 年通过《加州彩票法》设立州彩票委员会，要求彩票委员会至少每季度开一次会；除彩票委员会外，专门成立加州彩券局（California State Lottery），负责彩票的日常运营。

政府垄断经营和监管有效防范了舞弊和欺诈事件的频繁发生，从而保证了美国彩票业在过去近六十年的健康发展。2020 年，美国彩票销量为 878.2 亿美元，[①] 雄冠全球（见表 4-1）。目前，美国各州的彩票品种十分繁杂，玩法多达数百种。从大类上看，乐透型、即开型彩票的受欢迎程度极高。就体育彩票而言，如足球、篮球、棒球、橄榄球、拳击、网球等项目都有对应彩票，但不同于英国等欧洲国家，足球彩票在美国的销售量非常一般，远不及篮球、橄榄球和拳击彩票的火爆。

表 4-1                              2020 年全球主要区域彩票销量情况

| 地理区域 | 乐透/附加玩法 | 即开/拉环 | 数字游戏 | 基诺 | 被动抽奖游戏 | 体育投注 | 其他 | 总销量 |
|---|---|---|---|---|---|---|---|---|
| 非洲 | 6.1 | 1.6 | 0.1 | 0.2 | 0.1 | 2.6 | 0.6 | 11.3 |
| 澳大利亚 | 56.7 | 6.0 | 0.1 | 1.3 | 0.8 | 0.0 | 0.9 | 65.8 |
| 亚洲、中东 | 320.4 | 72.9 | 147.4 | 8.0 | 96.8 | 213.4 | 66.1 | 924.9 |
| 欧洲 | 360.7 | 321.4 | 16.7 | 14.2 | 85.7 | 110.7 | 171.9 | 1081.3 |
| 中美洲、南美洲、加勒比海 | 43.9 | 0.8 | 9.0 | 1.0 | 3.6 | 1.6 | 0.2 | 60.1 |
| 北美（美国） | 140.9 (97.7) | 620.9 (598.0) | 123.1 (121.1) | 43.9 (39.1) | 5.6 (1.6) | 5.6 (1.5) | 25.1 (19.0) | 965.0 (878.0) |
| 总销量 | 928.7 | 1023.5 | 296.4 | 68.6 | 192.6 | 333.8 | 264.8 | 3108.4 |
| 占比/% | 29.88 | 32.93 | 9.54 | 2.21 | 6.19 | 10.74 | 8.52 | 100.00 |

资料来源：根据公开数据整理绘制[②]，单位为亿美元。

---

[①] 参见《中国彩票年鉴 2021》.

[②] 由于原数据以百万美元计，本书单位为亿美元，加之小数位数保留的原因，导致分项相加与总项略有出入。

## （二）彩票公益金分配与使用

各州独立发行彩票的美国模式决定了州与州之间彩票销售收入分配比例的差异化。不过，从多年来的运行情况看，尽管各州彼此不同，但返奖率通常不会低于50%，公益金比重则一般高于20%。例如，马萨诸塞州彩票销售收入的分配比例为：返奖占68%，公益金占25%，代理费占5%，广告支出及管理费用占2%；北卡罗来纳州彩票收入的两个最大部分是用于奖金（62.4%）和教育事业（26.5%）；加利福尼亚州要求彩票机构至少要将87%的收入以奖金和教育捐款的形式返还给公众，并将收入的13%作为彩票机构运营支出的上限；佛罗里达州彩票收入除去45%的返奖金额和15%的管理费用，剩余收入全部充作公共教育资金；纽约州彩票销售额的39%作为公益金，返奖率为50%。

具体到各州彩票公益金的用途，基建、环境、老年人和退伍军人帮扶等领域都在其资助的范围。例如，印第安纳州将彩票收益存入印第安纳建设基金，该基金处理的项目包括保护和修护历史建筑、升级基础设施等；明尼苏达州将大约1/4的彩票公益金投入了环境和自然资源信托基金；宾夕法尼亚州将彩票公益金用于老年人帮扶计划，包括交通、租金的减免以及护理服务等；得克萨斯州专门为退伍军人创造了一种刮刮乐游戏，并将其收益分配给帮助得克萨斯退伍军人及其家人的组织。

当然，彩票公益金资助的最核心领域仍是教育——自殖民地时期起，教育系统始终是美国彩票收益的投向重点。不仅几乎所有发行彩票的州都将教育项目作为彩票收益的投入领域，而且包括加利福尼亚州、佛罗里达州、佐治亚州、肯塔基州、密苏里州、新罕布尔什州、新泽西州、新墨西哥州、纽约州、俄亥俄州、佛特蒙州、弗吉尼亚州等十余个州的公益金都明确只用于教育领域。例如，《加利福尼亚州彩票法》开篇就明确写道"加利福尼亚州全体人民声明：制定本法的目的是在不增加税收的前提下筹措资金用于支持教育事业。加利福尼亚州全体人民进一步声明：他们要求发行彩票的净收入只能用于资助本州的公共教育事业";佐治亚州颁布的彩票法则直接命名为《佐治亚州教育彩票法》,该州的彩票法在 1993 年公民投票表决时虽然仅以 51% 的微弱多数通过,但由于彩票发行目标明确,加之州长亲自出马进行宣传,以及彩票公司卓有成效的经营活动,最终使得彩票的发行深入人心。

为了保证彩票公益金的高效使用,美国各州对公益金的资助项目审批都有严格且规范的流程,多数州会对接受公益金资助的项目和款项金额进行披露,获资助的单位也会以不同形式公开公益金用途。以加利福尼亚州为例,"预算—审批"是其彩票公益金管理的主要特点。具体来说,在资金申请阶段,申请人或团体要通过公共学区教育委员会或大学董事会、理事会向彩票教育基金会提交内容翔实的预算报告,具体涉及申请理由、执行人、资金用途、直接目标、宏观目标、围绕目标确立的资金使用进度、预期结果和可持续性等;通过审批后,彩票教育基金会分季度拨付资金,并严格按照项目预算监督公益金使用情况,一旦发现违反预算的现象就会停止拨付并视情况追回已拨款项。此外,所有获得资助的教育主体必须为彩票公益金建立单独账户随时备查和接受社会监督。

## 三、纽约州彩票和彩票公益金管理使用

纽约州于 1967 年开始运营彩票,第一年就带来了 5360 万美元的收入,近年来一直是美国彩票销售的"领头羊",2019—2020 财年彩票销售收入超过 82 亿美元,位列各州榜首(见图 4-2)。故本节以纽约州为例剖析其彩票和彩票公益管理体系。

1966 年,纽约州选民投票授权创建政府运营的彩票,并设立州宪法委员会来履行其职权。1976 年,纽约州彩票部门正式成立,按照《纽约

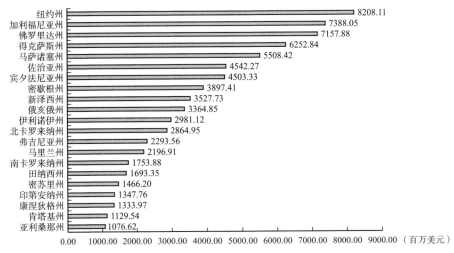

图 4-2  2019—2020 财年美国彩票销量超十亿美元的州情况

资料来源：根据公开数据整理绘制。

州教育彩票法》的规定运作。2013 年，彩票部门与纽约州赛马和投注委员会合并成为一个监管实体——纽约州博彩委员会，负责管理包括彩票在内的州博彩活动，并定期向州长和立法委员会提交彩票收支报告。

纽约州的彩票销售收入涵盖奖金、运营费用和教育援助费用三个部分。进一步说，纽约州的彩票公益金实际上全部用于教育领域，而且州内所有公立学区都可以获得支持。与此同时，每个获得资助的学区或机构都要严格遵守项目预算案细则，做到专款专用，并详列项目开支表，以备州审计部门、税务和财政部门的不定时审查与评估。项目评估主要通过访谈、量表调查、账目审计等方式进行，所有记录每年都会公布在主流网络媒体上，接受公众监督。州审计局、税务和财政局通过以上方式，对彩票公益金的使用效益进行全面评估，并依此决定下一年度拨款规模。自1967 年以来，纽约州已筹集彩票公益金 750.7 亿美元[1]，2020—2021 财

---

① New York lottery aid to education ［EB/OL］. ［2022 - 04 - 01］. https：//edit. nylottery. ny. gov/sites/default/files/2021 - 08/aid20 - 21_final_0. pdf.

年教育援助为 35.9 亿美元[①]，占当年州彩票收入总额的 41.77%[②]。

# 第三节 日本彩票和彩票公益金管理使用情况

日本彩票业历史悠久，彩票店街头巷尾随处可见。目前发行的彩票主要分为彩券和体育振兴彩票两大类，大致对应我国的福利彩票和体育彩票，只不过其体育振兴彩票仅以足球为标的，其他体育赛事如棒球、赛马、赛车等虽然十分火爆，但并没有发行彩票，只属于公营博彩内容。日本彩票收入也是国家财政收入的重要来源。

## 一、彩票业在日本的发展历程回溯

### （一）萌芽阶段（17 世纪 30 年代至 19 世纪 40 年代）

日本彩票前身为"富签"，最早于江户时代初见雏形。当时的善男信女在新年初一至初七到日本摄津市（现为大阪府）一带的泷安寺参拜并将写有自己名字的木简放到签箱里，七日后僧侣从签箱中抽出 3 名幸运者赐予代表福运的护身符。以此为基础，逐渐演变成为以抽奖方式给予奖金的活动并在市面上广泛流行。为防止人们过度沉溺其中，德川幕府于 1692 年颁布禁令，对抽奖组织方进行了明确限定，只允许将这种抽奖活动用于筹集寺院的修缮资金。在此阶段，以谷中地区感应寺、目黑地区泷泉寺、汤岛地区天满宫的彩票最为有名，合称为"江户三大奖"。不过，在 1842 年实施"天保改革"后，彩票便开始了长达 103 年的禁发期。

---

① New York lottery [EB/OL]. [2022 - 04 - 01]. https：//nylottery. ny. gov/about - us.
② New York State lottery financial statements and supplementary information [EB/OL]. [2022 - 04 - 01]. https：//edit. nylottery. ny. gov/sites/default/files/2021 - 08/final_NYSL_FS_2021. pdf.

### （二）成长阶段（20 世纪 40—80 年代）

1945 年 7 月，日本政府为增加军费决定发行"胜券"，尽管由于很快战败而未能成功发行，日本彩票业却因此得以"重生"。同年 10 月，"政府彩票"问世，各都道府县接着于次年获得了独立发行彩票的权利。1948 年，《彩票法》的颁布进一步从法律上明确了彩票的合法地位。1954 年，日本废除全国彩票并规定彩票发行权限归于地方政府，并逐渐形成了"东京都彩票""西日本彩票""关东·中部·东北彩票""近畿彩票"等地方联合彩票。20 世纪 60 年代后，日本开始为各类专项活动发行赞助性质彩票，如 1968—1970 年万国博览会彩票，1970—1972 年札幌奥林匹克彩票，1973—1975 年冲绳海洋博览会彩票等。从 1974 年起，各地还因帮助医科大学筹措资金而发行了振兴医疗事业彩票。

随着彩票产品种类的丰富，彩票奖金也水涨船高。1965—1968 年，最高奖金额分别为 700 万、800 万和 1000 万日元。[①] 到 1978 年，头彩已高达 2000 万日元，1980 年则攀升至 3000 万日元。1945—1983 年，日本彩票销量共计达 1.6865 万亿日元。[②]

### （三）壮大阶段（20 世纪 90 年代至今）

20 世纪最后十年，日本彩票业的活力显著增加，1999 年彩票销售额高达 9290 亿日元。这一时期彩票收益主要用于建设公营住宅、改善教育设施、修建公路桥梁等。进入 21 世纪，日本彩票不仅在发行方式上有所丰富，面额也扩展至 100、200 和 300 日元。例如，100 日元的足球彩票，以系列著名卡通人物为票面主题图案的 200 日元即开型彩票以及每年年末发售的 300 日元的"年末彩票"等。[③]

---

① 日本彩票的起源与演变：曾欲为增加军费发行彩票 [EB/OL]. (2013 – 02 – 19) [2022 – 09 – 25]. https：//caipiao. sohu. com/2013029/n366354274. shtml.

② 马黎明. 日本的『彩票』集资 [J]. 现代日本经济，1987（3）：27.

③ https：//www. takarakuji-official. jp/about/history/top. html.

值得特别指出的是，日本政府曾于 2000 年推出《体育振兴基本计划》，旨在改善青少年体质、增加民众参与体育活动机会并提高竞技运动水平。但由于计划款项难以筹集，于是决定自 2001 年起发行"体育振兴彩票"，主要用于募集体育设施修建资金、优秀运动员培养资金、大型国际体育赛事申办资金以及高水平体育指导员培养资金。

在这一阶段，为提升日本民众的购彩兴趣，地方政府推出了更高奖金的彩票产品。例如，2011 年和 2015 年，彩票机构分别设计了奖金 5 亿日元的"Green Jumbo lottery"彩票以及奖金 10 亿日元的"The Nenmatsu Jumbo lottery"彩票。2020 年日本彩票总销量位列全球第八位，[①] 是名副其实的彩票发行大国。

## 二、彩票发售与监管

日本公营博彩分为公营竞技博彩和公营彩票两类。其中，公营竞技博彩是指以某一项体育竞赛结果竞猜为主题的博彩活动，如赛马、赛艇等；公营彩票包括彩券和体育振兴彩票。此处重点介绍彩券和体育振兴彩票的发售与监管。

### （一）彩券

1. 运营管理模式

根据日本相关法律规定，彩券发行主体为地方政府，即 47 个都道府县（相当于我国的省）和若干指定都市（人口 50 万以上的城市）。发行彩券必须先经地方议会同意，再经总务省许可才能进行彩券发行。为了方便管理，日本政府指定了瑞穗银行作为彩券的发行代理方，具体负责彩券的制作、销售及兑奖等事宜。彩券销售过程中银行需向地方政府提交彩券

---

① 根据《中国彩票年鉴 2021》相关数据计算整理。

工作报告，而后者则要派遣职员进入银行检查，以此增加双方之间的沟通交流（见图 4 − 3）。

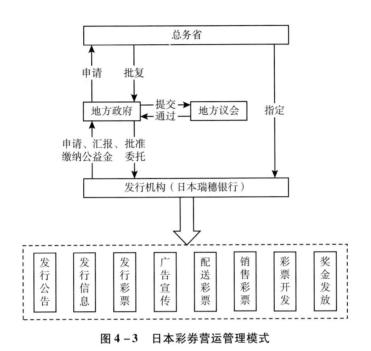

图 4 − 3　日本彩券营运管理模式

近年来，发行机构对彩券经销商的遴选日趋谨慎，当有新增申请提出时，会充分考虑当地人口规模并征询附近现有经销商意见——着重于是否会影响现有经销商生意，再决定是否批准。以东京为例，事实上已多年不再核发街头专营经销店新执照，现有经销商据点大多已经营了数十年以上；只有新建商业楼 1 楼店面申请且附近无彩票经销点时，才有可能通过申请，核给执照。

2. 销售情况

2005 年，日本彩券销量达到 1.1 万亿日元的历史高点后便开始回落。尽管 2011 年日本大地震发生后以支援振兴为名义发行的绿色巨奖彩票取得了不错的销售业绩，但 2012 年后彩券销售额仍显颓势。2016 年，日本彩券销量相较于上一年出现大幅下滑，跌至 8452 亿日元。2017 年，虽然数字型彩券销量增长 2.6%，达到 3799 亿日元，但奖金丰厚的巨奖彩券销售额却减少 13.1%，致使总销售额继续下滑并跌破 8000 亿日元。不过，新冠肺炎疫情的暴发和蔓延却让日本彩券"因祸得福"——疫情期间，上班族面临行业环境萧条、失业率增加、收入减少等困境，购彩的财富动机和情绪动机显著提升，加之发行机构大幅提升了中奖率，使彩券市场人气骤增，2020 年日本彩券销售额再度升至 8000 亿日元。

### （二）体育振兴彩票

1. 运营管理模式

日本体育振兴彩票是为扶持体育事业发展而推出的，1998 年颁布的《体育振兴彩票实施法》、2000 年颁布的《体育振兴基本计划》等法规政策是日本体育振兴彩票设立的基本依据。其早期以日本国内足球联赛为竞猜对象，发展成熟后逐渐扩展至海外联赛，2014 年世界杯就发行过相关彩票。

起初，体育振兴彩票由文部科学省特殊法人"日本体育·学校健康中心"委托大和银行及其他 7 家公司进行资金及业务管理，但销售情况始终不乐观。于是，2006 年文部科学省成立了独立法人日本体育振兴中心，负责体育振兴彩票的业务监督管理、资金管理运用、广告宣传企划、销售彩票及奖金支付等工作。随后体育振兴中心与民间经营者一同成立了 toto 经营企划室，以灵活运用民间经营的方法迎合市场（见图 4-4）。

2. 销售情况

体育振兴彩票包含竞猜型彩票和非竞猜型彩票，其中竞猜型彩票主要有"toto""minitoto""totoGOAL""totoGOAL3""totoGOAL2"等；非竞猜型彩票指电脑随机型彩票，主要有"BIG""miniBIG"和"BIG1000"等。自 2001 年起，"toto"系列彩票相继问世并在销售初期取得不错成绩，然而之后却连年下滑。为了有效改善体育振兴彩票长期以来低迷亏损的状

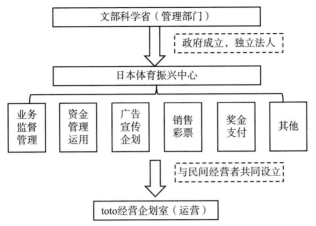

图 4 - 4　日本体育振兴彩票营运管理模式

态，日本开始推出新型足球彩票"BIG"。2006 年发行单注 300 日元的非竞猜型彩票"BIG"，2007 年推出以 9 场比赛胜负为竞猜对象的"miniBIG"，2008 年"BIG1000"面市。至 2009 年，日本体育振兴彩票中心不仅还清了之前的债务，还于当年和 2010 年分别资助各项体育事业费用 60.44 亿日元和 90 亿日元。2013—2017 年，日本体育振兴彩票年销售额始终保持在 1000 亿日元以上，当 2018 年掉到 948 亿日元后，日本体育振兴中心随即在 2019 年 5 月提出了通过提高头奖奖金来确保销售额重回千亿的方案。① 不过受新冠肺炎疫情影响，日本体育振兴彩票的回归千亿计划仍面临较大挑战。

**（三）竞技博彩**

第二次世界大战结束后，日本出于国家复兴和增加财政收入的需要，将本属于赌博活动的赛马、赛艇、赛车和赛自行车列为所谓"公营竞技"的合法博彩项目，并分别制定了相应的特别法予以规范。2016 年这四项公营竞技的总收入约为 4.96 万亿日元。由于各公营竞技博彩项目分属不

———————————

① https：// www. jpnsport. go. jp.

同管控部门，所以返奖率及公益金比例设置也不尽相同，但返奖率整体控制在 75% 左右，公益金主要用于本竞技项目的发展。

## 三、彩票公益金分配使用

### （一）彩券公益金分配使用

日本彩券由政府委托银行负责发行，依据彩票法的相关规定，银行需将彩券销售收入除去奖金和运营等相关费用的剩余部分全部作为公益金上交地方政府。依彩券营运方针，彩券公益金原则上不得低于发行总额的39%。具体来说，经销商销售彩券获得的收入，均由受委托金融机构统一处理，后者一般设专户管理彩券销售收入，并于发售 1 个月内，依据各地的销售状况解缴发行彩券的地方自治团体。2020 年，日本彩券销售额为 8160 亿日元①，其中：47% 作为奖金返还；15% 用于销售费用、印刷费用等；1.4% 用于宣传彩券社会贡献的费用，通过日本彩券协会的公益法人补贴和一般财团法人基金会的市镇补贴对彩票的社会贡献进行广泛宣传，让人民更加熟悉；36.6% 作为可使用的彩券公益金，用于出售彩券的都道府县和指定城市的公共工程项目支出以及应对人口老龄化所采取的措施（见图 4 - 5）。

### （二）体育振兴彩票公益金分配使用

根据日本相关法律规定，体育振兴彩票销售额的 50% 将用于奖金的返还，运营费为 15%，剩余部分全部上交作为公益金处理。公益金中，3/4 会用于资助体育团体和地方公共团体等，1/4 上缴国库，用于青少年健康与育成、自然保护与国际体育交流以及教育与文化振兴等事业的资助

---

① https：//www.takarakuji-official.jp/about/proceeds/top.html.

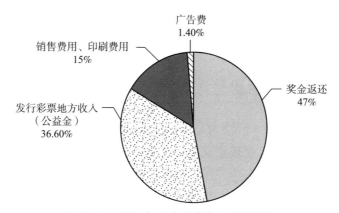

**图4-5　2020年日本彩券收入分配情况**

资金（见图4-6）。需要资助的体育事业单位，以项目的方式向体育振兴
中心提出申请，通过甄别后获得资助。

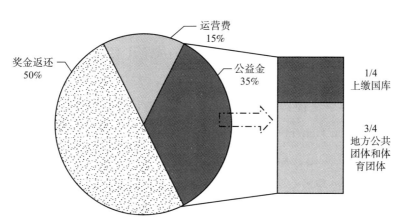

**图4-6　体育振兴彩票公益金分配使用情况**

自2002年初至2022年6月，体育振兴彩票已向地方公共团体和体育
团体等提供了约2335亿日元的资助，其中，975.5亿日元用于建设地方
体育设施，342.7亿日元用于普及体育运动，965.4亿日元用于提高体育
竞技水平，51.4亿日元用于东京日本地震灾害复兴支援；向国库缴纳了
约1059亿日元，用于教育和文化振兴、自然环境保护、青少年健康培养、

体育国际交流等相关事业。①

# 第四节　法国及西班牙彩票和彩票公益金管理使用情况

一般认为，全球近现代意义上的彩票起源于西班牙。时至今日，西班牙仍是世界彩票销量大国，2020 年位列第五，而法国则排名第四。故本节以法国和西班牙为例，分析其彩票和彩票公益金使用情况。

## 一、法国彩票和彩票公益金管理使用情况

### （一）法国彩票的发展历程及种类

16 世纪三四十年代，与西班牙之间的战争让法国元气大伤、财政亏空，加之国民参与国外彩票导致的资本外流，法国政府最终下决心启动彩票业：1539 年，法国国王弗朗西斯一世在造访意大利后，授权其朋友让 - 洛朗（Jean Laurent）经营彩票，而洛朗每年需向国王缴纳 2000 里弗尔。② 随后一个世纪，彩票陆续在法国全境发行，所获收入用于资助穷人与孤儿、翻新巴黎教堂等。法国大革命后，国内曾掀起一轮对彩票的空前性批判，但考虑到其对国家财政的积极作用而并未被即刻废止。1793 年，迫于巴黎公社的压力，国民议会不得不废除彩票。整个 19 世纪，法国多次开禁彩票。20 世纪 30 年代，为解决第一次世界大战后因经济复苏缓慢而难以向患有疾病和伤残的退伍军人提供抚恤等问题，国立彩票公司于 1933 年 5 月成立并重发彩票，收入用于资助退伍军人和农业受灾人员。

---

① https：//www. toto-growing. com/results.
② 异域文化：法国彩票发展简史［EB/OL］.（2015 - 09 - 11）［2022 - 05 - 16］. https：//sports. sina. com. cn/l/2015 - 09 - 11/doc - ifxhupin3493889. shtml.

20 世纪 60 年代，为抵御马会"三重彩"玩法的冲击，六合彩应运而生。1978 年，经营传统型彩票的法国国立彩票公司和经营六合彩的"佩罗"企业合并，组成国家彩票和六合彩公司，注册资金为 2000 万法郎，法国政府占股 51%，8 年后提升至 72%。[①] 1991 年，国家彩票和六合彩公司更名为国家游戏集团，归属于预算部，该模式一直沿用至今。

法国的彩票主要包括体育彩票、开奖游戏和即开型彩票三种。足球彩票是法国体育彩票的核心组成部分，主要是竞猜法甲联赛、法国杯、欧冠联赛等多种赛事的比分、胜负等。开奖游戏包括欧洲百万富翁、乐透、基诺、JOKER 等十余种，而即开型彩票包括 1 欧元彩票、2 欧元彩票和互动彩票游戏等多种不同面值的彩票。

### （二）法国彩票的运营管理机构和方式

法国彩票采取全国统一管理、政府垄断经营的模式，由法国国家游戏集团专门经营彩票业务，其所筹公益资金全部上缴国家财政。法国国家游戏集团是一个国家控股的经济实体，其内部设立信息部、人力资源部、审计部、战略及国际关系部、市场拓展部、商业运营部、沟通与可持续发展部、法务部、安全与风险管理部、财务管理部与游戏审核部十个部门。集团的股份结构是：72% 为国家股，5% 为公司职工持股，3% 为批发商持股，20% 为发行商持股。作为全国彩票发行机构，其主要业务有：制定市场策略，计划生产和设计产品；为彩票的组织发行提供保证，包括制定并公布规则、组织开奖、制作彩票、计算和公布中奖结果等；监督资金的支付。国家游戏集团通过专门的销售网络推销各种彩票，涉及发行商、销售代理商和零售商。此外，国家游戏集团下属的法国维修公司、国际游戏公司、法国娱乐公司及法国图像公司等子公司又分别负责具体事宜。其中，法国维修公司负责维护终端机的销售点设备；国际游戏公司下设两家子公

---

① 欧洲彩票简介［EB/OL］.（2011 - 11 - 30）［2022 - 05 - 16］. https：//news. sohu. com/20111130/n327422421. shtml.

司负责国际业务，如与中国福利彩票发行中心合资建立彩票印刷厂家——北京中彩公司；法国娱乐公司负责外事接待等业务；法国图像公司负责彩票电视开奖节目制作等工作。

法国彩票监管权力集中于中央，预算部是法国彩票业的主管机关，代表法国政府对国家游戏集团的彩票经营活动进行监管。具体而言，预算部的监管职责主要包括以下几点：第一，由法国总理提名国家游戏集团的总裁人选，报议会通过后由总统任命。另外，以预算部为主的政府人员需占国家游戏集团一半董事席位。第二，国家游戏集团设计彩票玩法和规则并上报预算部，经批准后正式实施。第三，政府派遣国家监督员对彩票数据、资金分配等进行核查监督，结果和建议上呈预算部部长，例如公益金数额是否吻合、经营措施是否符合国家规定等。第四，每日于《宪法公报》上公布所有与彩票相关的政策、制度和彩票具体玩法等事项。此外，国家游戏集团不仅在经济、金融上要接受国家监管，还要接受审计法庭、行政法院、内政部和有关财政金融法令的监管、约束。其中，法国内政部还设有游戏警察，专管彩票、赌马、赌场内作弊行为以及调查假彩票案件等。法国彩票业的运营管理体系见图4-7。

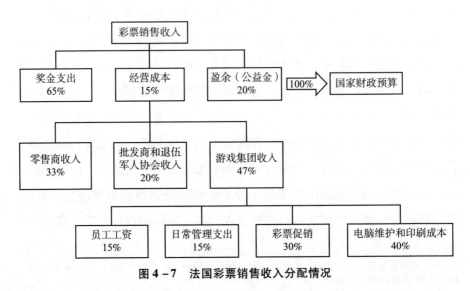

图4-7　法国彩票销售收入分配情况

与一般发行彩票国家不同的是，法国政府不向彩票印刷企业颁发彩票印刷许可证，而由游戏集团自己选择。按照法国《公司法》规定，国家游戏集团必须公开其财务状况，接受社会公众监督。

### （三）法国彩票公益金分配使用

目前，法国彩票销售收入的分配比例为：奖金支出占 65%，经营成本占 15%，剩余 20% 纳入国家财政（见图 4 - 7）。当然，不同类型的彩票，奖金比例会略有不同，例如，六合彩中奖难度高，但同时奖金额也高，彩民一般不会太计较奖金返还率，故可以把奖金比例定得稍低一些；而即开型彩票中奖可能性大，因此可以把返奖比例定得高一些，奖金数低一些。

在经营成本方面，15% 的经营成本中，33% 是零售商收入、20% 为批发商和退伍军人协会收入、47% 为游戏集团收入。其中，游戏集团的收入主要用于以下支出：15% 是员工工资、15% 为日常管理支出、30% 用于彩票促销，剩余的 40% 为电脑维护和印制成本。

由于奖金和经营成本外的销售收入全部归政府作为财政收入，所以可以理解为公益金占比 20%。公益金涵盖范围主要包括体育设施建设、奥运会经费投入、社会福利保障等。

## 二、西班牙彩票和彩票公益金管理使用情况

众所周知，近现代意义的彩票源于西班牙，早在 15 世纪，其就在全国发行了彩票。[1] 1763 年，"西班牙国家彩票"诞生，迄今已有 200 多年。[2] 19 世纪初，为抵御法军入侵，西班牙决定将彩票收入用作战争的军

---

① 世界各国彩票的起源与发展 [EB/OL]. (2019 - 10 - 06) [2022 - 05 - 16]. https://www.sohu.com/a/345238879_719790.
② 西班牙国家彩票 2022 年税后收入将增 2 亿欧元 [EB/OL]. (2021 - 11 - 12) [2022 - 05 - 16]. https://baijiahao.baidu.com/s? id = 1716172914722867099&wfr = spider&for = pc.

事资金支持。目前，西班牙彩票的种类主要分为国家彩票、地方彩票和私人彩票，考虑到国家彩票的份额可以占到60%，以下围绕西班牙国家彩票进行分析。

### （一）西班牙彩票的运营管理机构

西班牙的彩票业是国家法律所特许的，其主管部门是财政部，具体经营者为隶属于财政部的国家彩票管理局。国家彩票管理局主席主管审核国家彩票管理局活动总计划并监督局内各项活动。财政部主要负责监管每月彩票财政报告、改变游戏规则、审议销售网络协议以及发布彩票公告等。

国家彩票管理局每年拟定下一年度彩票发行额度计划上报财政部并由议会批准，其主要职能包括：一是彩票游戏的开发、推广和经营；二是各类彩票的摇奖、抽奖和清算；三是全国彩票销售站点的布局和调整，全国商业代表处的管理；四是进行广告营销等与彩票相关的活动和服务。此外，国家彩票管理局还下设经济财务部、生产管理部、商业管理部和人力资源部等部门，负责专门事务。例如，生产管理部负责设计和分析所有彩票玩法、协调全国性彩票摇奖、管理即开型彩票物流；商业管理部负责建立和维护彩票游戏销售网络、营销和推广彩票游戏。

### （二）西班牙彩票公益金的分配使用

国家彩票管理局统一经营管理的彩票包括福利彩票、六合彩、体育彩票等。其中，福利彩票发行收入的70%用于返奖，25%作为财政收入，5%作为管理费、手续费、人员经费、广告费等开支；六合彩销售收入的55%作奖金返还，33%上缴国库，12%为经营成本。福利彩票和六合彩上交国家财政的彩票收入并不是作为专项收入，而是视同一般税收纳入国家预算管理，既可用于资助指定项目，如抗癌协会、体育比赛等，也可用于福利、文教、卫生、基础设施建设等多个领域。

体育彩票以足球彩票为主，其发行收入的55%用于返奖，10.98%作为地方政府收入，1%归各职业足球俱乐部所有，7.5%归最高体育理事会，13%作为管理费和手续费，12.52%作为财政部收入。[①]

# 第五节 中国香港、澳门彩票和彩票 公益金管理使用情况

中国香港将赛马博彩、足智彩、六合彩都归为博彩活动，由香港赛马会统一管理。其中，赛马博彩的历史最为悠久，在1884年香港赛马会成立后不久即正式上市，六合彩诞生于1976年，足智彩则至2003年才设立发行。严格来讲，三者中只有六合彩是真正意义上的彩票，不过考虑到赛马博彩和足智彩在香港的受欢迎程度极高，而且三者均由香港赛马会旗下公司运营管理，并在回馈社会方面都可圈可点，故本节对其一并分析，同时按此思路展开对澳门博彩的研究。

## 一、中国香港彩票和彩票公益金管理使用情况

### （一）香港的彩票运营与管理

香港博彩活动的最高监管机构是民政事务局，监管政策以《赌博条例》和《博彩税条例》为主。民政事务局下设博彩及奖券事务委员会（2006年由足球博彩及奖券委员会改名而来），后者就具体监管工作向民政事务局局长作出建议，其核心职能包括依据《博彩税条例》的规定及有关牌照条件，监管赛马博彩、足智彩以及六合彩活动；签发、撤销及修订赛马博彩、足智彩及彩票活动的牌照；确保持牌机构遵守发牌条件；处

---

[①] 盘点各国彩票销售收入资金用于何处［EB/OL］.（2018 – 03 – 06）［2022 – 09 – 27］. https://zyzx. mca. gov. cn/article/lgxd/201803/20180300895783. shtml.

理就持牌机构不遵守发牌条件提出的投诉；向持牌机构征收罚款等。

香港赛马会附属的香港马会赛马博彩有限公司、香港马会足球博彩有限公司、香港马会奖券有限公司分别负责发行销售赛马博彩、足智彩和六合彩，并通过政府税收、奖券基金及马会的慈善捐款等方式确保博彩收益回馈社会。

**（二）香港的彩票销售情况**

香港赛马博彩包括固定赔率和浮动赔率两类，并以后者为主，竞猜方法有 16 种。2013 年 7 月，香港赛马会推出"汇合彩池"，即允许海外赛马购彩资金汇合进入香港，此举进一步推动香港特区发展成为赛马赛事及赛马博彩的全球中心。其投注额从 2014—2015 年度的 26 亿港币，增加至 2017—2018 年度的 166 亿港币。[①] 2020—2021 年度汇合彩池的投注额占整赛季赛马博彩投注额的 17%，可以看到疫情并未削减海外马迷的激情。香港足球彩票被称为"足智彩"，采用固定赔率形式，竞猜方法有 11 种，竞猜对象包括英超、世界杯等众多体育赛事，但不包括中超联赛及港超联、香港足球代表队赛事或在香港进行的赛事（不论参赛队是否包括香港队）。

受新冠肺炎疫情影响，场外投注处于 2020 年 2 月暂停关闭。不过，香港赛马会多年来对科技业务的深度布局，使得其在疫情期间可以通过线上流通平台继续提供博彩及资讯服务。2020—2021 年度赛马博彩投注额为 1361 亿港元，足智彩为 1402 亿港元，六合彩为 34 亿港元。图 4 – 8 分别为 2016—2017 年度、2017—2018 年度、2018—2019 年度、2019—2020 年度以及 2020—2021 年度赛马博彩、足智彩、六合彩的顾客投注额。

---

① 香港赛马会年报 [EB/OL]. [2022 – 09 – 26]. https：//corporate. hkjc. com/corporate/chinese/history-and-reports/annual-report-archive. aspx. 如无特别说明，本小节数据均来源于香港赛马会各年年报。

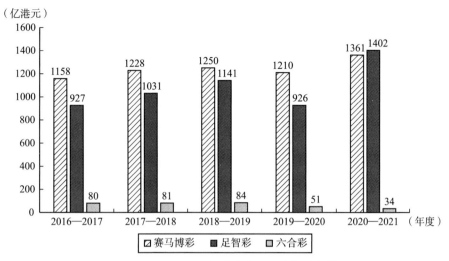

（亿港元）

图 4 – 8　2016—2021 年香港彩票顾客投注额情况

资料来源：根据香港赛马会官网公开数据整理绘制。

### （三）香港彩票公益金的分配使用

由于各年度用于发放奖金、缴纳税费及捐赠金额等的占比会略有不同，本节仅以 2020—2021 年度情况举例说明。2020—2021 年度由非本地投注额和本地投注额组成的顾客总投注额为 2797 亿港元，香港赛马会将本地投注额的 85% 作为奖金，剩余的 15% 即 389 亿港元为博彩及奖券收入（见图 4 – 9）。博彩及奖券收入的 77% 用于缴纳税费[①]、向慈善信托基金捐款以及设立为奖券基金，收入剩余 23% 则为香港赛马会经营成本和净盈余（见图 4 – 10）。

奖券基金可以理解为六合彩公益金，由香港社会福利署与香港奖券基金咨询委员会进行具体分配管理。其是资助非政府机构的主要经费来源，与投资收入以及车牌拍卖收益一起用于支持社会福利服务的发展。一般来

---

① 赛马博彩税率为 12% 或 20%（视玩法类别而定）、足智彩税率为 50%、六合彩税率为 25%。

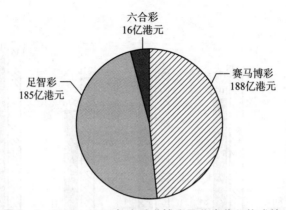

**图 4 - 9　2020—2021 年度香港博彩及奖券收入构成情况**

资料来源：根据香港赛马会官网公开数据整理绘制。

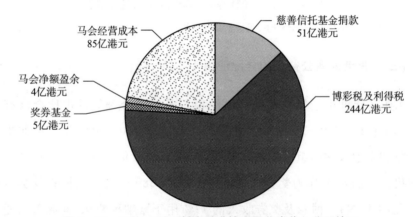

**图 4 - 10　2020—2021 年度香港博彩及奖券收入分配情况**

资料来源：根据香港赛马会官网公开数据整理绘制。

说，非政府机构如获社会福利署确认为向社会提供有意义服务的非牟利机构，便可申请拨款补助。在援助项目范畴和劳工及福利局政策支持范围内，取得财经事务及库务局的同意，社会福利署署长即获权根据奖券基金咨询委员会的意见，批准有关拨款。成功申请的非政府机构应根据获批的方案及条件（包括制定监察措施、项目结束后出具评估结果等）实施项目并接受监察，做好信息社会化公开的工作。

香港赛马会早在20世纪初便开始公益捐助，20世纪50年代的战后重建及移民涌入等问题促使赛马会将慈善纳入业务范围，1955年，马会正式决定将每年盈余捐赠给慈善及公益项目。1959年，香港赛马会（慈善）有限公司成立，专管捐赠事务。1993年，"香港赛马会慈善信托基金"成立并对捐款相关事宜进行接管。香港赛马会慈善信托基金主要覆盖以下十个领域：青年、老人、体育、文艺、教育、医疗、康复、家庭、环保和扶贫。过去十年其每年平均捐款40亿港元，2020—2021年度，捐款额达到45亿港元，共资助528个慈善及社区项目。其中，24.68亿港元用于社会服务，4.94亿港元用于教育及培训，10.09亿港元用于体育、康乐及文化，5.39亿港元用于医疗养生。①

## 二、中国澳门彩票和彩票公益金管理使用情况

### （一）澳门的彩票运营与管理

澳门博彩业最早可追溯至16世纪（澳门开埠初期），当时由于未设立法规监管而导致庄家自行开设的赌档、赌枱遍布大街小巷。1847年，澳葡政府首次把博彩业合法化，至19世纪后期，澳门因博彩业渐趋发达而被人们誉为"东方蒙地卡罗"。1927年，具有正式规模的赛马比赛于新建的黑沙环赛马场举办。1932年，范洁朋等海外华侨及美国商人将赛狗博彩活动引进澳门。第二次世界大战结束后，葡萄牙政府批准开辟澳门为"恒久性博彩区"，将其打造成以博彩及旅游为主要经济发展项目的低税制地区。1962年，叶汉、叶得利、何鸿燊及霍英东等共同组建了澳门旅游娱乐有限公司，此后二十年间，澳门旅游娱乐有限公司共获准经营法例所规定的十多种博彩形式，包括"番摊"、百家乐、花旗骰、

---

① 由于数据处理过程中有保留小数位数、四舍五入等操作，故导致分项相加与总项略有出入。

骰宝、二十一点和角子机等。澳门回归以后，特区政府决定在澳门旅游娱乐有限公司的幸运博彩专营合约期满后，批出 3 份承批合约，以为澳门经济发展注入新的动力。随后几年时间里，澳门特区政府又持续对彩票经营管理进行了系列调整。截至 2021 年底，澳门共有幸运博彩娱乐场 42 间，其中 25 间开设于澳门半岛，余下 17 间则设在氹仔。具体来说，澳门旅游娱乐有限公司占 23 间、银河娱乐场股份有限公司占 6 间、威尼斯人集团占 5 间、新濠博亚博彩（澳门）股份有限公司占 4 间、永利度假村（澳门）股份有限公司占 2 间，美高梅金殿超濠股份有限公司占 2 间娱乐场。①

1. 澳门彩票的监管部门

澳门博彩监管的政府机构主要有博彩监察协调局、刑事警察机关（司法警察局和治安警察局）和博彩委员会，分别负责博彩业日常监管及行政处罚、调查博彩罪案、咨询等工作。

博彩监察协调局作为澳门博彩业的独立监察公共部门，主要负责协助澳门特别行政区制定及统筹博彩业政策并执行，监察各类博彩活动、博彩收入、博彩法规遵守情况，促使博彩相关人员配合澳门特别行政区政府履行社会责任等。司法警察局和治安警察局主要负责预防、调查和侦察博彩犯罪工作。2001 年后澳门因实行新的博彩经营政策而设立博彩委员会，主要负责政策咨询。2010 年，博彩委员会进行了系列调整，其主要职能转变为对博彩业发展和管理进行研究并制定博彩业发展规范，监管博彩业发展运行，提出相关指导建议等。

2. 澳门彩票的营运方式

澳门的博彩包括幸运博彩、互相博彩（赛马和赛狗）、彩票，彩票主要有即发彩票②、体育彩票（足球彩票和篮球彩票）、中式彩票（白鸽

---

① 澳门博彩监察协调局官网［EB/OL］.［2022 - 09 - 26］. https：//www. dicj. gov. mo/web/cn/contract/index. html.
② 根据《第 12/87/M 号法律》，即发彩票是指，凡奖金在有关彩票发出时全部或局部订定之彩票。也就是说经者者预先订出奖项的等次及金额，之后将中奖标记印在特定的彩票上，投注者购买彩票后刮开表层即可知道是否中奖，类似于即开型彩票。

票）。不同的彩票品种是由不同公司承批的。所谓承批，就是由承批公司对彩票的组织和经营方面的盈亏与风险进行承担，承批人可决定彩票数目和样式、每类彩票数量和票价、彩金结构、销售地点，以及在报批相关监管机构的情况下选定负责印刷彩票的公司。具体而言，即发彩票和体育彩票由澳门彩票有限公司承批，其于 1998 年 6 月推出足球赛事彩票，1999年负责即发彩票，2000 年 12 月涉入篮球彩票，是亚洲首家拥有足球及篮球赛事彩票专营权的彩票公司；澳门赛马股份有限公司负责赛马彩票，目前基本每周举办两场赛事，同时也推出香港等地赛马彩票；澳门逸园赛狗股份有限公司负责赛狗彩票，其成立于 1961 年，但已于 2018 年 7 月正式结束经营赛狗活动。需要说明的是，澳门彩票有限公司、澳门赛马股份有限公司和澳门逸园赛狗股份有限公司皆隶属于澳门旅游娱乐股份有限公司。中式彩票由荣兴彩票有限公司负责，按照 1990 年签订的特许经营合同，荣兴彩票有限公司中式彩票的派奖率需要达到彩票总销售收入的 45%，无人认领的彩票奖金交由慈善机构和组织。而幸运博彩因只能在娱乐场内进行，所以澳门旅游娱乐有限公司、银河娱乐场股份有限公司、永利度假村（澳门）股份有限公司、威尼斯人集团、新濠博亚博彩（澳门）股份有限公司及美高梅金殿超濠股份有限公司均有涉足。

### （二）澳门的彩票销售情况

一直以来，幸运博彩都是澳门彩票业发展的主力军。2018 年幸运博彩销量达到峰值 3028 亿澳门元，2019 年略微有所下滑。2020 年虽受疫情影响跌至 604 亿澳门元，但仍显著高于其他各项博彩项目。

与幸运博彩相比，澳门彩票业就显得"萧条"得多。2005 年以来，彩票业占澳门各博彩项目总额均不足 1%（见图 4 - 11）。2016 年即发彩票、篮球彩票、足球彩票、中式彩票的销售总额为 7.06 亿澳门元，仅占澳门博彩总额的 0.31%；即便 2020 年占比有所上升，也不过 0.91%。从各类型彩票毛收入情况来看，中式彩票和即发彩票的发展一直低迷，足球彩票和篮球彩票由于以体育赛事为主题，趣味性更强，自发行以来就在彩票业中占据主导地位（见图4-12）。

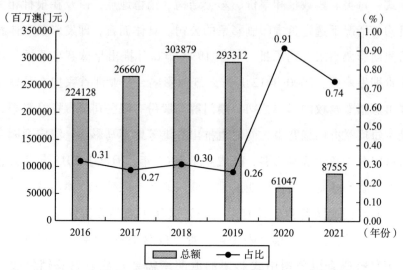

**图4-11 2016—2021年澳门博彩业总额与彩票收入占比情况**

资料来源：根据澳门特别行政区政府博彩监察协调局网站公开数据整理绘制。

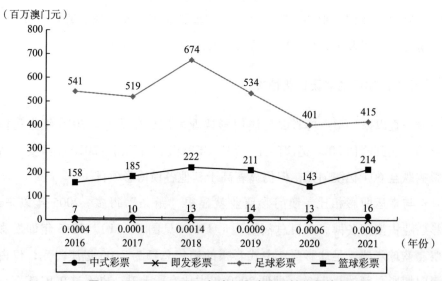

**图4-12 2016—2021年澳门各类彩票销售额情况**

资料来源：根据澳门特别行政区政府博彩监察协调局官网公开数据整理绘制。

### （三）澳门地区彩票公益金的分配使用

在澳门旅游娱乐有限公司专营时期，除了博彩税收、基础设施投资、经营成本外，其纯利的 10% 用于慈善事业，余下 90% 用于澳门发展。2002 年，澳门特区政府为了提升和巩固博彩及旅游业的龙头地位而开始实行"赌权开放"（苏育楷等，2014），将不同的彩票品种开始交由不同公司承批，同时要求各公司将每年博彩毛收入的一部分用于回馈社会：36% 上交政府，1.6% 投放在澳门基金会用于支持公益事业，1.4% 用以发展澳门城市建设、推广旅游及提供社会保障。其中，澳门旅游娱乐有限公司、美高梅金殿超濠股份有限公司对公益事业的拨款相当于其每年毛收入的 1.4%，永利度假村（澳门）股份有限公司、银河娱乐场股份有限公司和威尼斯人集团为 2.4%，新濠博亚博彩（澳门）股份有限公司为 1.6%。

澳门基金会聚焦文化、社会、经济、教育、科学、学术及慈善等领域进行项目资助，其执行部门为信托委员会、行政委员会及监事会。自 2021 年开始，资金申请者须先经"网上资助平台"按照所申请项目提交《资助申请表》及相关附件，再将所提交资料的纸质签章版送交或邮寄至基金会。对于具备已提交完整申报资料等初步条件的申请者，基金会将按申请金额及项目评估情况，分别交由行政委员会或信托委员会审议。行政委员会原则上每星期召开平常会议一次，审议申请金额在 50 万澳门元或以下的申请；信托委员会原则上每三个月召开平常会议一次，审议申请金额在 50 万澳门元以上的申请。

经行政委员会或信托委员会审议决定通过后，申请者即可启动具体项目，且在开展项目过程中需配合基金会对资助项目的跟进及核查工作，按时提交项目活动及财务报告，在项目结束时提交受资项目总结报告，并要按照规定格式完成《受资项目评估报告》及其他附件材料。另外，50 万澳门元以内的项目要附加《受资项目收支凭证明细表》，超过 50 万澳门元的项目则要提交由注册会计师或审计师出具的财务报告。

澳门基金会定期将资助的项目、资助项目成果公示于其官方网络平台，以提高基金评审和资助工作的透明度，保证评审结果更加公正合理。

## 第六节　代表性国家（地区）彩票
## 公益金绩效管理理念借鉴

尽管由于前述代表性国家和地区的经济发展阶段、社会文化背景等各不相同，以致其彩票和彩票公益金管理的具体模式有所差异，但都不同程度地蕴含着绩效管理的理念，具有重要的借鉴意义。

### 一、彩票公益金管理的法制化

彩票发行和彩票公益金筹集、分配、使用的法制化是代表性国家（地区）彩票管理的首要共性特征。例如，英国出台了《国家彩票法》《博彩法》；日本制定了《彩票法》《体育振兴彩票实施法》；美国各州有各自的彩票法，如《加利福尼亚州彩票法》《纽约州教育彩票法》等。法律法规制度的完备可以在最大程度上规范彩票和彩票公益金相关管理活动，尽可能避免出现截留、挪用等违规问题，并促进彩票公益金合理高效使用。相比之下，我国目前尚未出台《彩票法》，彩票领域的最"权威"制度是《彩票管理条例》及《彩票管理条例实施细则》，彩票公益金的相关办法则以财政部文件为最高层级，在对彩票公益金特别是体育彩票公益金绩效管理的约束力方面存在先天不足。

### 二、彩票公益金管理的透明化

彩票资金分配比例的合理性和公益金资助项目的高效性直接关乎彩票

的市场吸引力、社会公信力、可持续发展能力。所以，从世界彩票大国的彩票市场来看，其彩票奖金占比基本都保证在50%以上，如英国国家彩票的返奖率为50%；美国各州彩票返奖率虽然差异较大，但总体不低于50%，马萨诸塞州等个别州的返奖率则接近70%；法国彩票奖金占销售收入的比例为65%。与此同时，为保证彩票的公益属性，各国彩票资金一直保持低运营成本和适当公益金规模的分配比例，如法国彩票经营成本一般占收入的15%，20%纳入国家预算；英国国家彩票的成本支出和公益金占比分别约为10%和28%；西班牙六合彩的运营成本是销售收入的12%，纳入财政资金的比例高达33%；日本体育振兴彩票的运营费用为15%，公益金提取比例为35%。

在公益金分配使用方面，英国国家彩票公益金明确按照40%、20%、20%、20%的比例用于社区、体育、艺术、遗产四大版块，具体由国家彩票社区基金会、体育类委员会、艺术类委员会和国家彩票遗产基金会审核批复使用，且所有受资助项目在项目完结后，要将包括被资助项目所属单位或个人名单、项目名称、资助款金额及具体使用情况等详细信息公示在各自网站和相关部门网站上，以接受公众监督；美国《加利福尼亚州彩票法》中规定"彩票发行收入中至少应有34%应用于资助公共教育事业"，且该法第五款指出"在州国库内设立加利福尼亚彩票教育基金"，并强调了基金投向的九个具体领域；法国国家游戏集团需要定期公布公益金的具体使用细目，以保证信息披露透明度；香港赛马会和香港社会福利署每年年报中都会公布慈善信托基金及奖券基金用于慈善事业的具体金额和去向；中国澳门不同类型彩票由不同公司承批，因此其用于支持发展澳门特别行政区城市建设、推广旅游及提供社会保障和慈善事业等领域的开支项必须在各公司的财报中进行披露。近年来，虽然我国在彩票公益金使用信息公开方面已经迈出了一大步，但各级公益金使用情况公告披露的还仅仅是粗略的统计和概括性的公益金工作报告，公益金使用过程、使用效益等基本无法便利获取，信息公开工作尚有待规范化和透明化。

## 三、彩票公益金管理的严格化

彩票公益金管理的严格化，一方面体现在工作流程上，即公益金申请、审核、拨付、调整以及事后反馈的过程环环相扣。例如，美国加利福尼亚州的彩票公益金全部用于公共教育，由州政府财政部门下属的彩票教育基金会直接分配至学区或学校。要想获得彩票公益金资助需要由各项目单位或个人通过学区教育委员会等机构向彩票教育基金会提交包括项目实施理由、可行性、项目执行预计过程、支持资金具体分配计划、阶段性或最终结果目标等内容的申请报告。审核通过的项目，彩票教育基金会按季度对其进行拨款，并根据项目实施单位或个人具体进展情况决定是否继续资助或追究相关人员责任。日本专门制定了《体育振兴彩票收入补贴基本政策》等具体操作办法，对彩票公益金资助项目管理程序进行了极其严格的规定，同时设置了十分清晰的操作细节规范。

彩票公益金管理的严格化，另一方面体现在监管环节上，即对公益金分配使用负有监管职责的部门通常具有较强的独立性，且对于绩效的认知"深入骨髓"。例如，作为对国家彩票运营进行监督的主要机构，英国博彩委员会的非政府部门属性非常突出，所以在行使监管职能时一般较少受制，因发现公益金资助项目出现各式各样的问题而果断暂停对之进行继续资助的例子在英国并非个案。此外，英国财政部和审计署在对彩票公益金分配使用的监管方面也非常强势：财政部对彩票公益金分配机构的工作报告具有一票否决权，未经财政部门批准，彩票主管部门一律不得批复；审计署对于彩票公益金运行情况则拥有质询权，主管部门在接到质询后需在规定时间内对质询事项作出翔实解释。反观我国现阶段的体育彩票公益金管理，绩效意识显然还较为淡薄，无论是在公益金项目的申请、批复等流程方面还是在使用效益监督环节上都较为宽松和"粗糙"，由此自然在一定程度上弱化了体育彩票公益金的使用效率和效益。

# 第五章　体育彩票公益金绩效管理闭环系统的构建

## 第一节　体育彩票公益金绩效管理闭环系统概念的提出与现实意义

### 一、体育彩票公益金绩效管理闭环系统概念的提出

在全面实施绩效管理和体育彩票公益金使用效益亟待提高的双重背景下，作为财政资金的体育彩票公益金，如何最大化其经济和社会效益是体育彩票公益金预算管理的核心问题，而以产出和结果为导向的绩效管理强调支出的责任与效率，旨在提高支出有效性，故研究如何将预算绩效理念融入体育彩票公益金的配置和使用中，并建立体育彩票公益金绩效管理机制，提高体育彩票公益金的使用效益，就显得十分重要。通过构建一个架构合理、针对性强、运行顺畅的体育彩票公益金绩效管理闭环系统，落实党的十九大提出的全面实施绩效管理要求，特别是"花钱必问效、无效必问责"的绩效理念，有助于解决近年来历次审计所暴露出的诸多问题，不断提升体育彩票公益金的使用效益，充分发挥其在群众体育和竞技体育工作开展中的促进作用，推动"十四五"体育事业高质量发展。

　　所谓体育彩票公益金绩效管理闭环系统即将绩效管理理念充分融入体育彩票公益金预算管理之中，构建的一个贯穿于预算管理全过程的由绩效目标设立、绩效过程跟踪监控、绩效评价开展以及绩效评价结果应用组成的闭合整体（见图5-1）。简言之，闭环系统的构建和运行，能够使绩效管理成为预算管理过程的有机组成，推动"编制过程有目标、执行过程有监控、完成节点有评价、评价之后有反馈、反馈结果有应用"的体育彩票公益金预算绩效管理一体化目标的达成，切实提升体育部门的预算管理水平，真正提高体育彩票公益金的利用效率，优化体育彩票公益金配置，显著促进体育公共产品和公共服务的有效供给，为建成社会主义现代化体育强国贡献更多力量。

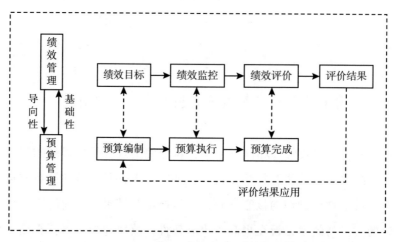

**图5-1　预算管理融合绩效管理的闭环系统**

## 二、构建体育彩票公益金绩效管理闭环系统的现实意义

### （一）提升体育彩票社会形象，推动"十四五"体育事业高质量发展

2020年是《体育发展"十三五"规划》的收官之年，同时也是国家

"十四五"规划和2035年远景目标的布局之年。《体育发展"十三五"规划》要求"做好体育彩票工作，加强公益金的使用管理绩效评价，不断提升体育彩票的社会形象"。2021年最新颁布的《"十四五"体育发展规划》要求继续推动体育彩票安全健康持续发展，注重体育彩票发展效益与质量的同步提升。突出以人民利益为中心，以全面建设体育强国为统领，塑造负责任、可信赖、可持续的国家公益彩票形象，助力"十四五"体育事业高质量发展，是新时代赋予中国体育彩票的社会责任。体育彩票公益金绩效管理闭环系统能够追溯到体育彩票公益金自预算编制到决算的全部流向，保证体育彩票公益金项目自立项到结束的全过程监督，提高公益金投向的精准度和使用的有效性，提升公益金运行的透明度，强化对公益金的审计监督，增强体育彩票的公信力，展现体育彩票良好社会形象。

另外，构建体育彩票公益金绩效管理闭环系统，能够有效提高体育彩票公益金配置效率，提升体育公共产品和公共服务质量，助力体育事业在我国全面开启现代化新征程中开创新局面。此外，面对新时代的新要求，构建体育彩票公益金绩效管理闭环系统，对于贯彻落实党的十九届五中全会精神，实现推动体育事业的高质量发展、加快体育强国建设步伐的国家中长期战略也具有一定现实意义。

**（二）积极应对体育彩票行业发展瓶颈，促进彩票行业健康可持续发展**

20世纪90年代中期以来，我国彩票行业一直处于平稳发展状态，彩票销售额在2018年创历史纪录——突破5100亿元。不过，2019年2月，伴随财政部、民政部、体育总局三部门发布《关于调整高频快开彩票游戏和竞猜彩票游戏规则　加强彩票市场监管的通知》，针对高频快开和竞猜类彩票游戏进行包括降低开奖频次和竞猜场次等严格限制后，我国彩票销量明显下滑，2019年全国仅销售彩票4220.53亿元，同比减少894.18亿元，下降17.5%，其中体育彩票销售额同比减少561.00亿元，下降19.6%。[①] 2020年，不断从严的彩票市场监管[②]叠加持续数月的新冠肺炎疫情冲击，使得全年体彩销售额在2019年基础上进一步下滑881.03亿元，其中，体育彩票机构销售额同比减少413.52亿元，下降17.9%。[③]

如众所知，彩票销售额与公益金规模成正比。体彩销量的下滑自然会引致体彩公益金数量的减少，考虑到未来市场监管措施大概率会继续趋紧，体彩销量在中短期内实际难以大幅跃升。面对日益旺盛的体育事业发展需求和社会公益发展需要，构建体育彩票公益金绩效管理闭环系统，以全面实施体育彩票公益金预算绩效管理为切入点，努力提高体育彩票公益金使用效益，不失为应对彩票行业发展"阵痛期"的积极举措。与此同时，通过体育彩票公益金绩效管理闭环系统的顺畅运行，还能够有效遏制公益金使用过程中出现的"跑冒滴漏"问题和各类腐败行为，重塑体育彩票公信力，推动体育彩票行业乃至整个彩票行业的健康可持续发展。

### （三）贯彻落实新时代全面实施绩效管理的新要求，顺应改革新浪潮

2017年，党的十九大要求加快现代化财政制度建设进程，建立全面规范透明、标准科学、约束有力的预算制度，全面实施绩效管理。预算管理是财政管理的核心和基础，预算绩效管理是不断完善预算管理的重要方式方法。2018年，《关于全面实施预算绩效管理的意见》和《关于贯彻落实〈中共中央　国务院关于全面实施预算绩效管理的意见〉的通知》的颁布实施，明确了我国在3~5年之内要建成全方位、全过程、全覆盖的全面预算绩效管理新体制的部署，紧接着提出了全面实施预算绩效管理的总目标和总路径，要求解决好绩效管理中存在的突出问题，推动财政资金

---

① 2019年12月全国彩票销售情况［EB/OL］．（2020－02－17）［2022－05－16］．http：//zhs. mof. gov. cn/zonghexinxi/202002/t20200217_3470308. htm.
② 2020年10月，财政部等三部委追加发布《有序退市高频快开彩票游戏有关事宜的通知》，要求2021年春节休市结束后，停止全部彩票高频快开游戏。
③ 2020年12月全国彩票销售情况［EB/OL］．（2021－01－25）［2022－05－16］．http：//zhs. mof. gov. cn/zonghexinxi/202101/t20210122_3647877. htm.

聚力增效，提高公共服务供给质量，增强政府公信力和执行力。

全面实施预算绩效管理就是要将政府预算、部门和单位预算、政策和项目预算全方位纳入预算绩效管理范畴，在事前、事中、事后的全过程，实现对于一般公共预算、政府性基金预算、社会保障基金预算、国有资本经营预算等领域的全覆盖，实现更加全面深入的预算绩效管理体制的改革，确保财政资金合规合法、安全高效。[①] 全面实施绩效管理即要求将绩效理念和方法深度融入各级政府及其所有组成部门的各类财政资金预算编制、执行、监督的全过程，使财政资金花得明白、用得其所。毋庸置疑，全面实施绩效管理是提高财政资金使用效益和推进效能型政府建设进程的重要抓手，是新时代国家治理体系和治理能力现代化的必然要求，也是一项具有长期性和持续性的战略任务。体育彩票公益金预算纳入"四本预算"中的政府性基金管理，自然是全面实施绩效管理的范畴之一。因此，对体育彩票公益金进行绩效管理是顺应新时代财税改革大潮的必然举措，有助于扫除体育彩票公益金运行使用过程中存在的诸多障碍点，打通体育彩票公益金高效利用的"最后一公里"。

### （四）完善体育彩票公益金预算绩效管理，助力公益金使用效益最大化

伴随我国彩票发行及筹资规模的逐步扩增，彩票公益金分配使用及其监管中存在的问题成为社会各界关注的焦点：其一，各级体育彩票公益金或有不同程度年度结余，如 2018 和 2019 年度，国家体育总局部门年度结余结转分别为 2.71 亿元、5.53 亿元，[②] 公益金使用效率还有待提高。其二，体彩公益金通过行政体制下拨使用至具有一定财政预算能力的部门机构，在没有市场竞争机制情况下，公益金所产生的效益无法实现与其他市场主体的对比考评。同时，公益金筹集使用情况公告过于笼统，项目细节披露少，资金流向不够明确，缺乏公开可对照的绩效目标，难以客观有效

---

① 中国发展研究基金会. 全面预算绩效管理读本 [M]. 北京：中国发展出版社，2020.
② 根据国家体育总局公开信息整理。

衡量资金使用效果。其三，体育彩票公益金的使用过程监控和使用效果管理不佳，缺乏有效的内外部动静态监管机制。自 2014 年全国性彩票公益金审计后，对于体育彩票公益金的专项审计较少，加之体育彩票公益金信息公开范围有限，也无法实现有效的社会监督，仅通过年度各级公益金使用情况汇报或者公益金使用单位的自我考评，很难保证公益金使用中"跑冒滴漏"等问题不会发生。

体育彩票公益金使用过程中产生的结余沉淀多、效益衡量难、监管不到位等问题，源于缺乏科学的公益金预算编制方法、有效的预算执行过程监控、健全的绩效评价体系以及畅通的结果应用反馈机制。体育彩票公益金绩效管理闭环系统的运行能够较好实现"编制过程有目标、执行过程有监控、完成节点有评价、评价之后有反馈、反馈结果有应用"的要求，解决目前预算绩效管理过程中各环节相对独立、协调不畅的问题，助力全方位监管体育彩票公益金使用过程，促进体育彩票公益金使用效益的真正提升。

综上所述，新时代面对新一轮财税改革的新要求，在全面实施预算绩效管理的大背景下，为了更好地解决体育彩票公益金使用效益低下的问题，构建将预算管理和绩效管理有机结合的体育彩票公益金绩效管理闭环系统，具有更加重要的现实意义。

## 第二节　体育彩票公益金绩效管理闭环系统构建遵循的指导思想与基本原则

### 一、构建体育彩票公益金绩效管理闭环系统遵循的指导思想

体育彩票公益金绩效管理闭环系统的构建过程中，要始终以习近平新时代中国特色社会主义思想为指导，全面贯彻党的十九大以及十九届二

中、三中、四中、五中和六中全会精神，坚持新发展理念，坚持按照新《预算法》《中共中央　国务院关于全面实施预算绩效管理的意见》《关于贯彻落实〈中共中央　国务院关于全面实施预算绩效管理的意见〉的通知》等党中央、国务院、财政部关于加强预算绩效管理方面的总体要求，以及《彩票管理条例》《彩票公益金管理办法》等彩票公益金相关管理规章制度，紧跟国家全面实施预算绩效管理改革步调，创新体育彩票公益金预算管理方式，更加注重结果导向、强调成本效益、硬化责任约束，逐步建成以绩效目标为基础，以绩效监督为保障，以绩效评价为手段，以绩效结果为导向的体育彩票公益金绩效管理新机制。进而，通过实现体育彩票公益金预算和绩效管理一体化，提高公益金配置效率和使用效益，增强公益金预算管理水平和公益金支持项目的实施效果，提升公共体育产品质量和公共体育服务水平，为体育事业的高质量发展提供有力保障。

## 二、构建体育彩票公益金绩效管理闭环系统遵循的基本原则

### （一）坚持整体设计、系统兼顾的原则

构建体育彩票公益金绩效管理闭环系统，要顺应新一轮财税体制改革的大趋势，符合全面实施预算绩效管理的总要求。具体来说，既要解决当前体育彩票公益金在管理使用过程中存在的各类问题，又要着眼于构建全面长效的体育彩票公益金预算管理机制，兼顾体育彩票公益金短期和长期问题的解决；既要注重体育彩票公益金投入产出的效果比，又要注重所支持国家宏观政策目标的完成情况，兼顾体育彩票公益金所扶持项目运行和国家大政方针执行之间的内在关联；既要注重考核体育彩票公益金投入的精准度和所支持项目的可行性，又要考虑项目和政策执行的有效性与延续性，兼顾体育彩票公益金的应用管理和项目或政策的运行之间的有效匹配。

## （二）坚持全面推进、重点突出的原则

构建体育彩票公益金绩效管理闭环系统，一方面，要在预算编制、执行、完成、再编制的环形过程中全面深层次地引入绩效管理的理念和方法，构建包括事前、事中、事后全过程的体育彩票公益金绩效管理闭环系统，实现对体育彩票公益金预算绩效管理的全面推进；另一方面，要坚持问题导向，密切关注体育彩票公益金使用管理过程中问题多的环节，聚焦提升社会关注度高、投入大、覆盖广的项目的实施效果，突出体育彩票公益金预算绩效管理中的重点。

## （三）坚持合理规范、公开透明的原则

构建体育彩票公益金绩效管理闭环系统，要注重规范化建设，健全完善绩效目标、绩效监控、绩效评价、结果应用等管理内容，优化管理流程，推动体育彩票公益金预算绩效管理达到指标科学、标准客观、程序规范、方法合理、结果公正的目标。同时，还要注重加强透明化制度建设，建立健全体育彩票公益金绩效管理信息公开制度，规范信息公开框架、内容、时间、对象，按照规定的模式，在一定的时间内，主动向同级人大报告、向社会报告，接受人大、政府职能部门和社会各界的监督，提升绩效信息的公开透明度。

## （四）坚持强化应用、激励约束的原则

构建体育彩票公益金绩效管理闭环系统，要明确各方预算绩效管理职责，清晰界定权责边界；健全激励约束机制，实现绩效评价结果与预算安排、政策调整、奖励问责挂钩。以此，增强体育彩票公益金预算统筹能力，调动地方和部门的积极性、主动性。

## 第三节 体育彩票公益金绩效管理闭环系统的构成要素

### 一、体育彩票公益金绩效管理闭环系统的构成要素

体育彩票公益金绩效管理闭环系统可谓是将绩效理念贯穿体育彩票公益金预算管理全过程，彻底打通从预算编制到预算执行再到核算决算的全链条，遵循"预算编制有目标→预算执行有监控→预算完成有评价→评价结果有应用"的"闭环"思维，以绩效目标、绩效监控、绩效评价和结果应用为基本构成要素（见图5-2）且要素间可无缝衔接的体育彩票公益金新型预算绩效管理机制。

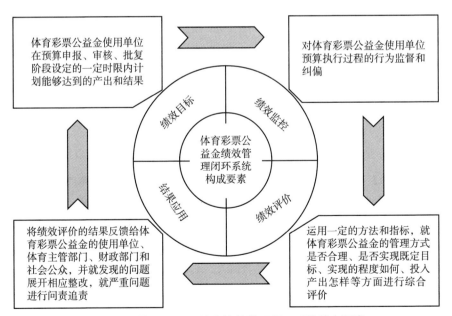

图5-2 体育彩票公益金绩效管理闭环系统基本要素

## 二、体育彩票公益金绩效管理闭环系统中的绩效目标

### (一) 绩效目标的内涵

绩效目标是体育彩票公益金的使用单位在预算申报、审核和批复阶段设定的一定时限内能够达到的产出和结果。绩效目标的设定是体育彩票公益金预算绩效管理闭环的基础和源头。通过编报绩效目标，能够使体育彩票公益金管理和使用部门或单位在项目预算编制之初就牢固树立绩效理念，既重项目、重资金，也重管理、重绩效。

### (二) 绩效目标的分类

按照预算绩效管理的实施对象范围和时效性的不同可以对绩效目标进行分类。

一方面，根据全面实施预算绩效管理的总要求，预算绩效管理实施对象的范围不断扩大，逐渐形成了包括政府预算绩效管理、部门和单位预算绩效管理、政策和项目预算绩效管理的全方位预算绩效管理格局。所以，综合预算支出的范围和内容，绩效目标可以分为基本支出绩效目标（一般不单设，通常纳入部门/单位整体支出绩效目标统筹考察）、部门（单位）整体支出绩效目标、项目支出绩效目标（见图 5-3）。《彩票管理条例》第三十一条规定"彩票公益金专项用于社会福利、体育等社会公益事业，不用于平衡财政一般预算。"体育彩票公益金主要是以项目支出为主，故而本部分讨论的体育彩票公益金绩效目标主要为项目支出绩效目标，本书重点从项目支出角度来分析体育彩票公益金绩效管理闭环系统。

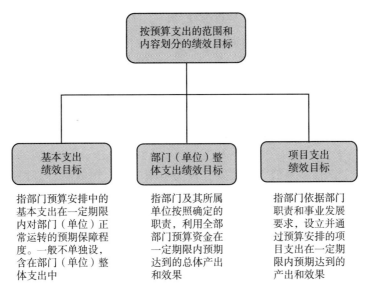

图 5-3　按预算支出的范围和内容的不同划分的绩效目标

另一方面，体育彩票公益金项目的完成存在时长条件，按照体育项目预算支出的时效性不同，可以分为中长期绩效目标和年度绩效目标。中长期绩效目标是指体育彩票公益金在跨多年度的计划期内预期达到的产出和效果；年度绩效目标即体育彩票公益金在一个预算年度内预期达到的产出和效果。

## 三、体育彩票公益金绩效管理闭环系统中的绩效运行监控

### （一）绩效运行监控的内涵

绩效运行监控是对体育彩票公益金使用单位执行预算全过程的行为监督和纠偏。虽然预算绩效管理以产出和效果为导向，强调绩效目标的实现，但过程的有序运行是保证良好效果的必要条件，绩效运行监控作为事中控制手段，是全面预算绩效管理顺畅运行的重要保障。进一步讲，体育

彩票公益金绩效运行监控，是指财政部门、体育部门及相关使用单位依照职责范畴，在预算执行和绩效管理过程中，对体育彩票公益金预算执行情况和绩效目标实现程度进行的过程监督、实时控制和即时管理的系列活动。

### （二）绩效运行监控的特征

在整个体育彩票公益金绩效管理闭环系统中，绩效运行监控上承绩效目标、中起事中纠偏、下达绩效评价，及时性、合规性、有效性是其三大突出特征。

及时性是指要对体育彩票公益金项目产生的问题及时进行确认、处理和报告，不得拖延积压，以便于绩效运行监控信息的及时利用。如对于上年度结转较大的跨年度项目当年还需新增预算时，对于体育彩票公益金预算执行环境发生重大变化时，都要及时跟进处理。

合规性是指要对体育彩票公益金项目运行过程中的各环节是否遵循适用法律法规、规章制度等的情况进行监管。如对于体育彩票公益金支出项目中预算管理制度的落实情况，对于项目超预算以及是否存在其他无关项目挤占体育彩票公益金项目资金或挪用体育彩票公益金用于基本支出等违规违法情况，都要进行关注。

有效性是指要将体育彩票公益金支出项目执行情况与原定绩效目标是否一致、执行效果是否能够最终达到预期目标等，纳入监控范围。

### （三）绩效运行监控的作用

体育彩票公益金绩效管理闭环系统的绩效运行监控，是构成整个闭环系统不可缺少的子系统，是对体育彩票公益金支出的一个过程考核环节。其具体作用主要有以下三点。

其一，把稳运行方向。在体育彩票公益金绩效管理闭环系统运行过程中，难免会出现因项目类别、执行地点等条件差异而造成的各种实际问题，绩效运行监控首先能够起到的作用就是以绩效目标为底线，及时纠正实际执行过程中的偏差，确保绩效目标的顺利实现。体育彩票公益金绩效运行监控类似高速公路上的指示牌和交通量观测装置，就是要确保体育彩票公益金预算执行过程不跑偏、不超速、不压线，最终如期实现既定的体育彩票公益金绩效目标。

其二，强化执行刚性。体育彩票公益金绩效运行监控能够强化预算绩效目标执行约束。一般而言，绩效目标批复下达后，除必要特殊情况不予调整。体育彩票公益金绩效运行监控能够在执行过程中对于资金安排与绩效目标执行偏差进行判断，根据情况，采取纠偏或制止等不同的措施，实现体育彩票公益金预算"硬约束"。

其三，落实主体责任。体育部门是体育彩票公益金的主管部门，也是体育彩票公益金预算绩效管理的第一责任主体。通过绩效运行监控，体育部门能够及时掌握体育彩票公益金使用动态，提高部门本身的预算管理水平，强化体育彩票公益金绩效管理主体责任。

# 四、体育彩票公益金绩效管理闭环系统中的绩效评价

## （一）绩效评价的内涵

体育彩票公益金绩效管理闭环系统中的绩效评价，是指在体育主管部门、财政部门的主导下，体育彩票公益金使用单位积极配合，遵循体育彩票公益金使用前制定的标准、原则和程序，依据既定的绩效目标，在体育彩票公益金项目结束时（前期预算已执行完毕），采取规范、科学的方法，对列入体育彩票公益金支持的项目中预算支出的公平性、效率性、经济性、合理性进行公正、客观的评判与分析。简言之，对体育彩票公益金支持的项目来说，就公益金的管理方式是否合理、是否实现既定目标、实现的程度如何、投入产出怎样等方面进行综合评价，即体育彩票公益金的

绩效评价。

体育彩票公益金绩效评价涉及财政预算、绩效评估、效果评价三方面内容，其关键在于以理论与实践相结合的方式，对体育彩票公益金的使用效率进行评价，为各级政府及当地财政部门在改进预算管理方式方面提供帮助，并为未来年度的预算安排提供依据。

## （二）绩效评价的作用

一方面，绩效评价可以使体育彩票公益金在资金分配的科学性方面得到提升。以体育彩票公益金支持项目的成效衡量公益金支出水平，是进行体彩公益金绩效评价的重要内容。若要使支出效果达到最佳，首要问题就是体育彩票公益金的分配方式，这就需要从影响体育彩票公益金使用效益的源头入手，倒逼体育彩票公益金分配支出结构的进一步优化，使其更加贴近各地经济和社会发展目标，尽可能消除在体育事业发展过程中出现的体育彩票公益金的"越位"和"缺位"问题，使体育彩票公益金分配更加合理科学。

另一方面，绩效评价可以使体育彩票公益金在资金支出的效用性方面得到提升。从公益金使用单位角度来看，体育彩票公益金绩效评价能够使其在预算编制、支出进度、财务规范等方面投入更多力量，更加重视投入产出的对比分析；从体育主管部门和财政部门角度来看，体育彩票公益金绩效评价能够使公益金支出效用得到有力保障，更好实现既定目标；从社会角度来看，体育彩票公益金绩效评价能够有效促进社会资源的合理配置和优化组合，更好满足社会公众所需的体育相关产品及服务。

## 五、体育彩票公益金绩效管理闭环系统中的绩效结果应用

结果应用是指将绩效评价的结果反馈给体育彩票公益金使用单位、财政部门和社会公众，并就发现的问题展开相应整改，就严重问题进行问责

追责。结果应用是全面预算绩效管理的目的和关键所在。全面绩效管理要求"评价结果有反馈、反馈结果有应用",若只对绩效目标实现程度进行评价而不将评价结果和改进建议应用到绩效管理中,放任预算资金配置和使用存在的问题不进行整改,预算绩效管理就会流于形式,无法切实提高体育彩票公益金的使用效益;相反,充分利用绩效评价结果,不断强化结果应用则有助于约束责任主体行为、优化资源配置、提高体育彩票公益金使用效益、促进体育部门和财政部门执行力和公信力提升,推动绩效管理成为体育治理的有效工具。

## 第四节　体育彩票公益金绩效管理闭环系统的实现机制

体育彩票公益金绩效管理闭环系统贯穿了从预算编制到预算执行再到核算决算的预算管理全过程,实现了预算管理和绩效管理的有机融合,如图 5 - 4 所示。

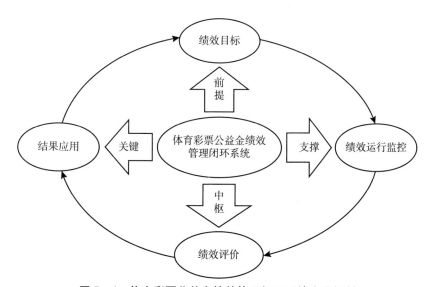

图 5 - 4　体育彩票公益金绩效管理闭环系统实现机制

绩效目标是对体育彩票公益金实施绩效监控、开展绩效评价、完成结果应用的前提和基础，制定科学合理的预算绩效目标是体育彩票公益金绩效管理闭环系统运行的起点。绩效目标作为对预算资金运行提出的要求，直接决定了绩效监控、绩效评价和结果应用的主要内容，为后续绩效监控、绩效评价提供了判断依据，贯穿预算绩效管理的始末。

绩效监控是绩效管理闭环系统有效运行的支撑。在预算项目和资金批复后，财政部门和体育部门通过对预算项目执行过程的实时监控纠偏，可以确保项目实施以及资金的使用遵循绩效目标的要求，保障绩效目标的完成。体育部门和财政部门还可以在监控中根据外部环境和条件的变化适当调整绩效目标。此外，绩效监控也为绩效评价提供了分析所需的执行过程的绩效数据信息。

绩效评价是绩效管理闭环系统的中枢。在预算项目结束或取得阶段性成果时（时间跨度较长的项目），绩效评价以预算编制设定的绩效目标为依据，根据预算执行产生的绩效信息，考察绩效项目的完成程度，为结果应用提供详略得当、重点突出的评价报告。绩效监控和绩效评价虽然都是对预算目标完成程度的考察，但是两者并不相同。绩效监控着重于在事中及时发现预算执行存在的问题和风险，发挥预警作用，确保绩效目标能有效完成，而绩效评价则是在事后根据已有的产出和结果来评价绩效目标的完成度，分析问题产生的原因并提出进一步改进建议。

结果应用是体育彩票公益金实施绩效管理闭环系统的落脚点，也是绩效管理发挥实效的关键。结果应用根据绩效评价报告对发现的问题进行问责追责，完善预算管理制度，提高预算管理水平。可以说结果应用是绩效评价的延伸，绩效评价的质量是结果应用的保障。同时，结果应用要将评价结果作为下一年度公益金预算安排的重要参考依据，用以调整预算资金分配和优化预算目标制定。至此体育彩票公益金绩效管理系统真正实现闭环，整个预算绩效管理过程完成。

只有明确各要素的功能作用和闭环系统的运行逻辑，才能实现各要素间的无缝衔接，真正形成可运转的闭环系统。故在接下来的第六章至第八章，本书将对体育彩票公益金绩效管理闭环系统进行全面介绍。

# 第六章 体育彩票公益金绩效管理 闭环系统之绩效目标管理

体育彩票公益金绩效目标管理就是财政部门、体育主管部门及体育彩票公益金使用单位，以体育彩票公益金项目绩效目标为核心，围绕绩效目标的设定、审批、调整与应用等内容开展的具体管理活动（见图 6 - 1）。

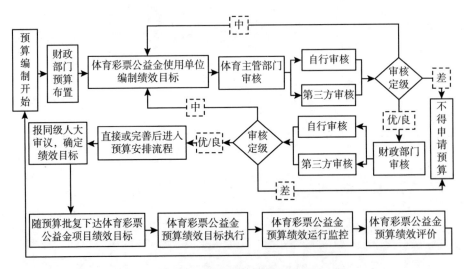

**图 6 - 1 体育彩票公益金绩效目标管理流程**

体育彩票公益金绩效目标的管理是驱动整个闭环系统运行的龙头，掌握着体育彩票公益金绩效管理的整体方向和脉搏。绩效目标管理的对象是项目绩效目标，预算编制初始，绩效目标是体育彩票公益金项目预算编制时随附上报审批的必要组成，是体育彩票公益金项目入库的必要条件；预算审核批复后，体育彩票公益金项目绩效目标同时下达，是体育彩票公益金预算执行过程中绩效运行监控的主要内容，也是预算结束后进行绩效评价的主要内容，并为后续绩效监控、绩效评价的进行提供了直接的判断依据，且与下一轮体育彩票公益金预算安排、政务考核等直接挂钩，贯穿体育彩票公益金预算绩效管理的全过程。

与此同时，体育彩票公益金绩效目标的管理也是绩效管理理念真正融合到体育彩票公益金预算管理中的具体表现，通过绩效管理和预算管理的有效结合，改变了以事后评价为重点的原有模式，实现了对绩效目标的监管前移，促进了体育彩票公益金支出结构的进一步优化和分配效率的大幅提升。换句话说，加强体育彩票公益金绩效目标的管理，能够改进体育彩票公益金预算编制过程中"重分配、轻结果"的固有思维，增强体育主管部门、体育彩票公益金使用部门"重过程也重结果"的绩效理念，推进体育彩票公益金预算编制的精细化和精准化；能够深化体育彩票公益金项目前期可行性调研论证，避免出现因前期工作不扎实导致立项随意的现象；能够强化体育主管部门以及体育彩票公益金使用单位的责任意识，提升体育彩票公益金的统筹配置能力，提高体育彩票公益金使用效益。

# 第一节　体育彩票公益金绩效目标的设定

体育彩票公益金绩效目标的设定是指，体育彩票公益金使用单位遵循财政部门和体育主管部门关于绩效目标管理的要求，根据法律法规、项目特点等依据编制绩效目标，同时上报体育主管部门的过程。

绩效目标是体育主管部门安排体育彩票公益金的重要依据。体育彩票公益金项目支出的预算安排应实行项目库管理，原则上以是否进入项目库管理作为申请体育彩票公益金的前提条件。在体育彩票公益金绩效管理闭环系统中，要进入体育彩票公益金项目库，就必须按照规定设定绩效目标，即若要进行体育彩票公益金项目预算安排，需先设定绩效目标。根据"谁申请，谁设定"的原则，体育彩票公益金绩效目标由申请使用体育彩票公益金的单位设定，并在项目纳入项目库之前完成，随次年预算一同申报，提交体育主管部门；体育主管部门按要求提交财政部门，作为财政部门预算安排的参考依据。

## 一、绩效目标的主要构成

体育彩票公益金绩效目标设定的前提要求是要明晰体育彩票公益金项目的预期产出和效益效果。预期产出是指体育彩票公益金在一定时期内预计能够提供的体育公共产品和公共服务情况；预期效益效果，包括体育彩票公益金项目的产出对于经济社会发展可能带来的影响预估，以及受益群体或服务对象对项目的满意度。

为保证绩效目标的明确有效，绩效目标的设定还应包括相应的绩效指标和绩效标准，保证绩效目标有"项"（绩效指标）有"值"（绩效标准）。

体育彩票公益金绩效指标是对绩效目标进一步细化和量化的产物。进一步说，一方面，绩效指标是绩效目标的具体化，与绩效目标高度相关、科学合理细化的绩效指标能够更好地体现绩效目标的现实意图和实现价值，促进后续事中绩效运行监控工作和事后绩效评价工作的有序展开。但绩效目标和绩效指标并非是一一对应的，为了更好地描述绩效目标，其与绩效指标之间常为一对多的情况。另一方面，绩效指标作为绩效目标的指标化标识，在表现形式上更加详细，要力争能够定量表达或定性层次清晰。具体而言，体育彩票公益金绩效指标应包括描述项目产出、效益和满意度等要素的相应指标。产出指标一般是对体育彩票公益金支出项目完成后的产出数量、质量、时效和成本等进行预计，即预估项目的实际完成度以及项目完成所将提供的体育公共产品或体育公共服务的数量、提供的产品或服务的标准情况、项目的成本等；效益指标一般是对体育彩票公益金支出项目的产出所带来的社会、经济等方面影响力的描述，根据项目的具体情况进行细化；满意度指标一般是指体育彩票公益金支出项目完成后是否能得到服务群体或者受益群体等社会公众的满意，其满意程度如何。

体育彩票公益金绩效指标的设置是否合理对于能否完整科学地表现绩效目标具有重要意义，为避免绩效指标过低或过高，往往需要对绩效指标的初始值进行控制，这就涉及对于绩效标准的设置。

体育彩票公益金绩效标准是设置绩效指标初始值时参考或依据的标准，是体育彩票公益金支出项目所需达到的基本要求。绩效标准可分为历史标准、行业标准和计划标准等。历史标准主要是以同类别指标历史数据为标准；行业标准主要是以同行业指标数据为标准；计划标准主要是以计划的指标数据为标准。确定绩效标准值的方法主要有三种，第一种是找平均，即在历史数据或行业标准中，通过对比寻找同类别指标或同行业指标的中间值作为标准值；第二种是找突出，即以历史数据或行业指标数据中较高的值作为标准值；第三种是以预测值作为标准值。在绩效目标具体设定过程中，一般会以绩效标准中的平均值对绩效指标进行设置，而对绩效目标要求较高的项目可选择较高的绩效标准设定绩效指标。

## 二、绩效目标设定的依据

体育彩票公益金绩效目标设定的依据包括《彩票管理条例》《彩票管理条例实施细则》《彩票公益金管理办法》《政府非税收入管理办法》等体育彩票公益金相关政策法规和规章制度，以及《体育强国建设纲要》等国家体育发展战略规划；体育主管部门对群众体育、竞技体育等体育事业发展的职能要求，以及全民健身计划等中长期体育发展规划、年度计划或体育项目规划；财政部门的财政预算要求；相关历史数据、行业标准和计划标准等其他依据。

### 三、绩效目标设定的方向

体育彩票公益金绩效目标设定的方向应与体育彩票公益金使用方向相结合，主要集中在支持群众体育、竞技体育发展方面（见表6-1）。

表6-1　　　　　　　　　　体育彩票公益金绩效目标设定方向

| 方向 | 具体内容 |
|---|---|
| 支持群众体育工作 | 资助全民健身中心、社区多功能运动场、农民体育健身工程、全民健身路径工程、户外营地、体育健身俱乐部和体育健身器材；资助群众体育组织和队伍建设、培训社会体育指导员、管理人员和各类专业教练员、裁判员，推行国民体质监测制度，开展国民体质测定工作；资助开展全民健身活动和组织群众体育竞赛，资助体育单项协会组织活动；资助组织开展全民健身科学研究与宣传，普及健身知识，推广健身方法等；资助高水平体育后备人才基地建设、各级体育运动学校条件改善等，组织和参加青少年比赛活动；资助学校体育和青少年学生体质健康等工作，包括青少年体育锻炼标准和学生体质监测的实施；资助青少年社会体育组织的建设和体育活动的开展等 |
| 支持竞技运动 | 资助举办非商业性、非职业性的国内综合性或单项体育赛事；改善优秀运动队生活、训练、比赛场地的设施条件，资助优秀运动队购置训练、比赛服装器材等；支持体育专项人才引进、运动队相关人员素质的提升；支持优秀运动队备战和参加国内外综合性运动会及单项赛事；补充各运动队和退役运动员的相关保障支出；资助科研攻关及检测、课题研究、反兴奋剂工作的开展；资助优秀运动队教练员培训、运动员文化教育事业的开展；资助社会力量参与竞技体育项目的培训和竞赛活动；资助高水平体育后备人才培养等 |
| 其他 | 经财政部、国家体育总局批准的其他使用内容 |

资料来源：根据历年国家体育总局本级彩票公益金使用情况公告整理绘制。

### 四、绩效目标设定的要求

体育彩票公益金绩效目标的设定应关联明确、具体可评、量化可测、合理可达、系统全面。关联明确是指体育彩票公益金绩效目标的设定要与体育主管部门和使用单位的职能相匹配，符合体育主管部门和使用单位制定的战略目标和发展路线，符合体育事业发展规划，能够有效推动群众体育和竞技体育的发展，与我国体育事业和社会公益事业紧密相联；具体可评、量化可测是指体育彩票公益金绩效目标的设定不能过于笼统、模糊、粗略，应从产出数量、质量以及产出结果的经济和社会效益等方面将总体目标细化为多个具体子目标，便于后续绩效监控和评价工作的展开，并尽可能地使用定量指标来描述绩效目标，通过客观的测量方法和尺度标准来评价绩效目标的完成程度；合理可达是指体育彩票公益金绩效目标的设定不能过高或过低，需要经过调查研究和有效论证以合适的绩效标准来确定绩效指标初始值，符合事物发展的客观规律，能够保证在预计期限内达到；系统全面是指体育彩票公益金绩效目标的设定要满足公共财政资金支出目标多元化的要求，相应地设置能够多维度反映体育彩票公益金支出项目预期效果的绩效指标。

## 五、绩效目标设定的方法

总体而言，体育彩票公益金绩效目标的设定应采取一梳理、二预估、三细化、四定标的方法依次推进。具体来说，一梳理，就是要对体育彩票公益金支出项目的功能性质进行梳理，如项目总投入、实施主体、具体产出、受益群体等，以对项目的总体情况和可行性进行全面了解；二预估，就是要在掌握体育彩票公益金支出项目的功能特性的基础上，对其可行性进行有效判断后，结合绩效目标设定依据，预估项目实施后的总产出和总效益，确定绩效总目标；三细化，就是要对体育彩票公益金的绩效总目标进行分解细化，形成多个具象化的分目标，提取能够很好反映、衡量绩效目标实现程度的考量工具，形成以定量和定性的方式组合而成的绩效指标；四定标，就是要确定体育彩票公益金绩效指标的初始值，具体数值的确定要结合已有项目相关历史数据或行业标准，或参考项目的预计产出等。

## 六、绩效目标设定的程序

在新一轮预算编制开始时，体育彩票公益金使用单位按照财政部门和体育主管部门要求进行体育彩票公益金预算绩效目标的设定时，首先要填报体育彩票公益金项目支出绩效目标申报表（见表 6 - 2），并在向同级体育主管部门申报项目资金时报送预算绩效目标，然后依据反馈意见进行修改再次上报；当体育主管部门审核、汇总各级体育彩票公益金预算绩效目标后，同样随本部门预算提报财政部门，最终依据财政部门反馈意见再次提报。

表 6 - 2　　　　　　　体育彩票公益金项目支出绩效目标申报表

（202 × 年度）

填报单位：　　　　　　　　　　　　　　　　　　填报日期：

| | | | | | | | |
|---|---|---|---|---|---|---|---|
| 项目<br>基本情况 | 项目名称 | | | | | | |
| | 主管部门 | | | 主管部门编码 | | | |
| | 项目<br>实施单位 | | 项目负责人 | | 联系电话 | | |
| | 项目类型 | 上年原有项目□　新增固定项目□　新增一次性项目□　其他项目□ | | | | | |
| | 项目期限 | | 年　　月至　　　年　　月 | | | | |
| | 项目申报<br>原因条件 | 项目概况 | | | | | |
| | | 项目立项依据 | | | | | |
| | | 项目可行性和必要性 | | | | | |
| 项目<br>资金情况 | 项目资金<br>申请/<br>万元 | 资金总额： | | 长期<br>资金总额 | 上年度<br>安排资金 | 上年度<br>支出资金 | 本年度<br>申请资金 |
| | | 其中：财政拨款 | | | | | |
| | | 其他 | | | | | |
| | 测算依据<br>及说明 | | | | | | |

续表

| | 预期总体目标 | 长期目标 | | | | 年度目标 | | | |
|---|---|---|---|---|---|---|---|---|---|
| | | 一级指标 | 二级指标 | 指标内容/指标公式 | 指标值 | 一级指标 | 二级指标 | 指标内容/指标公式 | 指标值 |
| 绩效目标情况 | 绩效指标 | 产出指标 | 数量指标 | 指标1： | | 产出指标 | 数量指标 | 指标1： | |
| | | | | 指标2： | | | | 指标2： | |
| | | | | …… | | | | …… | |
| | | | 质量指标 | 指标1： | | | 质量指标 | 指标1： | |
| | | | | 指标2： | | | | 指标2： | |
| | | | | …… | | | | …… | |
| | | | 时效指标 | 指标1： | | | 时效指标 | 指标1： | |
| | | | | 指标2： | | | | 指标2： | |
| | | | | …… | | | | …… | |
| | | | 成本指标 | 指标1： | | | 成本指标 | 指标1： | |
| | | | | 指标2： | | | | 指标2： | |
| | | | | …… | | | | …… | |
| | | | …… | | | | …… | | |
| | | 效益指标 | 经济指标 | 指标1： | | 效益指标 | 经济指标 | 指标1： | |
| | | | | 指标2： | | | | 指标2： | |
| | | | | …… | | | | …… | |
| | | | 社会指标 | 指标1： | | | 社会指标 | 指标1： | |
| | | | | 指标2： | | | | 指标2： | |
| | | | | …… | | | | …… | |
| | | | …… | | | | …… | | |
| | | 满意度指标 | 服务对象满意度指标 | 指标1： | | 满意度指标 | 服务对象满意度指标 | 指标1： | |
| | | …… | …… | …… | | …… | …… | …… | |

续表

| | |
|---|---|
| 上一年度绩效评价情况 | |
| 其他说明 | |
| 体育主管部门审核评定等级 | 优□　良□　中□　差□ |
| 体育主管部门审核具体意见 | |
| 财政部门审核评定等级 | 优□　良□　中□　差□ |
| 财政部门审核具体意见 | |
| 第三方联审方式 | |
| 第三方审核评定等级 | 优□　良□　中□　差□ |
| 第三方审核具体意见 | |

资料来源：参考《中央部门预算绩效目标管理办法》《中央对地方专项转移支付绩效目标的管理暂行办法》绘制。

## 第二节　体育彩票公益金绩效目标的审核

所谓体育彩票公益金绩效目标审核，是指由体育主管部门或财政部门主导，审查核实报送使用体育彩票公益金单位的绩效目标，并向相关单位反馈审核意见，在绩效目标修改完善的过程中给予指导。绩效目标的审核要按照"谁分配资金，谁审核目标"的原则，由体育主管部门或财政部门根据预算级次进行区别审核。同时，根据各类项目的具体情况及工作需要，可委托第三方进行绩效目标的审核。

## 一、绩效目标审核的主要内容

绩效目标审核的主要内容主要有以下几个方面。

（1）完整性审核：绩效目标需明确、清晰，目标内容要全面、完整。

（2）相关性审核：绩效目标需与国家体育事业发展规划以及体育主管部门职能相关联，绩效目标要与绩效指标相关联，且后者应尽可能细化、量化。

（3）适当性审核：绩效目标需与体育彩票公益金的规模相匹配，要充分考虑绩效目标在既定投资金额下是否合理，是否存在过低或过高的情况。

（4）可行性审核：绩效目标需经过合理的测算及充分的论证，要充分考虑现实中目标的可达性。

## 二、绩效目标审核的程序

在体育彩票公益金预算审核机制中，绩效目标审核是其中重要的组成部分。体育主管部门或财政部门应及时要求不符合绩效目标设定标准的单位修改、完善绩效目标，修改后符合要求的，方能纳入项目库，进入预算编制、审核流程。从管理流程来看，可以将绩效目标的审核分为两个层面：一是体育主管部门层面的审核。经体育主管部门审核后符合所有要求的绩效目标可予以上报，不符合要求的退回申报单位，要求其对绩效目标进行调整、修改或补充后，再次上报。二是财政部门层面的审核。根据部门预算"二上二下"原则，财政部门结合体育主管部门提交的申报材料对体育彩票公益金预算的绩效目标进行审核，符合所有要求的绩效目标可以上报本级人民代表大会审议，申请批复预算绩效目标；对于绩效目标不符合要求的，退回申请，要求对绩效目标进行调整、修改或补充后，再次上报。原则上在绩效目标没有批复之前，不对体育彩票公益金预算进行安排。

上述程序主要适用于一般项目审核，如果涉及体育彩票公益金支持的重点项目（原则上为对体育事业发展具有重要影响、社会关注度高的项目），则需在预算编审环节引入第三方进行绩效目标联合评审。换句话说，尽管重点项目与一般项目的审核都是围绕项目"是否可支持"的主题，针对该项目投入的可行性、经济性、实施的必要性、绩效目标的合理性等方面进行论证，但重点项目还需要聘请在该项目领域的权威专家等第三方，通过网络调查、问卷调查、人大代表和政协委员参与、召开座谈会、电话咨询等方式，对是否纳入及哪些部分可以纳入第二年财政预算范围等方面进行评估。

对体育彩票公益金绩效目标进行审核后，要形成"优""良""中""差"四个等级的审核结果，并出具具体的审核意见，在体育彩票公益金项目支出绩效目标申报表（见表6－2）中予以体现。体育主管部门或体育彩票公益金使用单位结合或采纳审核意见对绩效目标进行修改完善后直接进入流程或重新提报，项目的预算安排将以最终的审核结果作为重要的参考因素。得到"优"的审核结果，预算安排流程直接进入下一步程序；得到"良"的审核结果，在与使用体育彩票公益金单位或体育主管部门协商，完善其绩效目标后，预算安排流程直接进入下一步程序；得到"中"的审核结果，由使用体育彩票公益金单位或体育主管部门修改完善其绩效目标，按程序要求对绩效目标进行重新报送审核；得到"差"的审核结果，预算安排流程结束，不得进入下一步流程。

# 第三节　体育彩票公益金绩效目标的下达、调整与应用

## 一、绩效目标的下达

在绩效目标通过体育主管部门及财政部门审核后，体育主管部门将本

部门预算连同体育彩票公益金绩效目标汇总，经由财政部门上报本级人民代表大会审议，经人民代表大会表决通过后，随同部门预算由财政部门一并批复（见表6-3）。体育主管部门收到财政部门下达的部门预算时，体育彩票公益金绩效目标同时确定下达执行。

表6-3　　　　　　体育彩票公益金项目支出绩效目标下达表

（202×年度）

单位名称：　　　　　　　　　　　　　　　　　　　　　批复日期：

| 项目基本情况 | 项目名称 | | | | | | | |
|---|---|---|---|---|---|---|---|---|
| | 主管部门 | | | 主管部门编码 | | | | |
| | 项目实施单位 | | 项目负责人 | | | 联系电话 | | |
| | 项目类型 | 上年原有项目□　新增固定项目□　新增一次性项目□　其他项目□ | | | | | | |
| | 项目期限 | | 年　　月至　　年　　月 | | | | | |
| | 项目申报原因条件 | 项目概况 | | | | | | |
| | | 项目立项依据 | | | | | | |
| | | 项目可行性和必要性 | | | | | | |
| 项目资金批复 | 项目资金批复/万元 | 资金总额： | | | 长期资金总额 | 上年度安排资金 | 上年度支出资金 | 本年度申请资金 |
| | | 其中：财政拨款 | | | | | | |
| | | 其他 | | | | | | |
| | 测算依据及说明 | | | | | | | |

续表

| 预期总体目标 | | 长期目标 | | | | 年度目标 | | | |
|---|---|---|---|---|---|---|---|---|---|
| | | 一级指标 | 二级指标 | 指标内容/指标公式 | 指标值 | 一级指标 | 二级指标 | 指标内容/指标公式 | 指标值 |
| 绩效目标批复 | 绩效指标 | 产出指标 | 数量指标 | 指标1： | | 产出指标 | 数量指标 | 指标1： | |
| | | | | 指标2： | | | | 指标2： | |
| | | | | …… | | | | …… | |
| | | | 质量指标 | 指标1： | | | 质量指标 | 指标1： | |
| | | | | 指标2： | | | | 指标2： | |
| | | | | …… | | | | …… | |
| | | | 时效指标 | 指标1： | | | 时效指标 | 指标1： | |
| | | | | 指标2： | | | | 指标2： | |
| | | | | …… | | | | …… | |
| | | | 成本指标 | 指标1： | | | 成本指标 | 指标1： | |
| | | | | 指标2： | | | | 指标2： | |
| | | | | …… | | | | …… | |
| | | | …… | | | | …… | | |
| | | 效益指标 | 经济指标 | 指标1： | | 效益指标 | 经济指标 | 指标1： | |
| | | | | 指标2： | | | | 指标2： | |
| | | | | …… | | | | …… | |
| | | | 社会指标 | 指标1： | | | 社会指标 | 指标1： | |
| | | | | 指标2： | | | | 指标2： | |
| | | | | …… | | | | …… | |
| | | | …… | | | | …… | | |
| | | 满意度指标 | 服务对象满意度指标 | 指标1： | | 满意度指标 | 服务对象满意度指标 | 指标1： | |
| | | …… | …… | …… | | …… | …… | …… | |

— 138 —

| 财政部门<br>下达意见 | |
| --- | --- |
| 备注 | |

资料来源：参考《中央部门预算绩效目标管理办法》《中央对地方专项转移支付绩效目标的管理暂行办法》绘制。

## 二、绩效目标的调整

项目绩效目标一旦批复下达，一般情况下不予调整。在预算执行过程中，由于特殊原因，确实需要调整的，应按照审核流程和管理要求，由使用体育彩票公益金单位向体育主管部门提出绩效目标调整申请，并由财政部门审核后，重新下达。

## 三、绩效目标的应用

项目实施、绩效监督、绩效评价要在经体育主管部门和财政部门审核下达的绩效目标下进行合理安排。按照批复下达的绩效目标，体育主管部门应在使用体育彩票公益金单位的配合下组织项目实施，在项目实施过程中绩效监督必须在设立的绩效目标范围内进行，并在项目实施结束后，根据设立的绩效目标开展重点项目的绩效评价。

# 第七章 体育彩票公益金绩效管理闭环系统之绩效运行监控

绩效监控是体育彩票公益金闭环系统运行中的重要环节。通过实时监控体育彩票公益金支出项目的执行过程，财政部门、体育主管部门和体育彩票公益金使用单位可以及时掌握资金支出的使用情况，跟踪绩效目标的实现进度，发现公益金项目运行过程中出现的执行偏差与不合规行为并找出原因所在，及时督促项目单位同步整改，堵塞管理漏洞，避免问题搁置导致整改难度增大的情况出现，从而确保既定绩效目标的实现。

## 第一节 体育彩票公益金绩效运行监控的前提

### 一、体育彩票公益金绩效运行监控的职责分工

体育彩票公益金绩效运行监控工作涉及财政部门、体育主管部门以及体育彩票公益金使用单位。其中，财政部门负责制度安排和总体把控，体育主管部门承担指导和监督职能，体育彩票公益金使用单位则是具体执行主体。

一方面，财政部门要与体育主管部门协同研究制定彩票公益金绩效运

行监控的规章制度，出台体育主管部门及体育彩票公益金使用单位开展预算绩效运行监控的指导意见，对体育彩票公益金预算绩效运行监控的责任主体、核心内容、方式方法、结果报送、违规处理等进行明确规定，以保证预算绩效运行监控工作有章可依、有迹可循。另一方面，财政部门还应联合体育主管部门搭建体育彩票公益金绩效运行监控平台，制定科学、合理、有效的预警和监控指标体系，并根据体育彩票公益金使用规模的大小、所支持项目的性质或重要程度等，开展重点绩效运行监控，逐步形成分工明确、全面覆盖、重点突出的科学合理的预警和监控机制，以便能够及时准确地发现体育主管部门和体育彩票公益金使用单位在预算执行中出现的偏差。

体育主管部门应积极开展本级体育彩票公益金绩效运行监控工作，对体育彩票公益金使用单位的公益金执行情况进行绩效运行监控指导和监督。具体来说，要根据体育彩票公益金随预算批复下达的总体绩效目标或年度绩效目标，对资金到位情况、使用进度、项目实施进程等进行全程追踪监督和重点督导，确保项目顺利推进和既定绩效目标的实现；同时，还应按要求将督导结果和监控结果主动反馈至财政部门，并将体育彩票公益金绩效运行监控纳入各使用单位日常绩效考核或申报项目考核中，加强体育彩票公益金绩效运行监控结果的应用。

按照"谁支出、谁负责"的原则，体育彩票公益金使用单位是具体开展预算绩效运行监控的主体。其应根据财政部门和体育主管部门对体育彩票公益金绩效运行监控的相关要求进行日常监控，认真收集、审核、填报绩效运行监控信息，定期或者不定期主动向体育主管部门反馈体育彩票公益金的绩效运行监控情况，对偏离绩效目标的原因进行深入剖析，将导致偏差产生的原因分析透、做扎实，及时采取纠偏措施，解决和封堵所产生的问题、漏洞，以保证绩效目标的顺利实现。

## 二、体育彩票公益金绩效运行监控的范围

体育彩票公益金绩效运行监控的范围应涵盖本级支出和转移支付支出公益金涉及的所有项目。与此同时，在对体彩公益金支出项目进行常规绩效运行监控的基础上，体育主管部门还可从重点项目入手，如对重大项目和之前巡视、审计或绩效管理有关督导检查问题较多的项目，以及日常管理中绩效水平薄弱、绩效评价结果不佳的项目进行更加严格的绩效监控，并逐渐过渡到"摸清底数、轻重分明"的全面、分类、有序的动态监管。

## 三、体育彩票公益金绩效运行监控的内容

### （一）绩效目标实现进展

由于绩效运行监控属于事中管理环节，产出和效果不能完整体现，故体育彩票公益金绩效运行监控更加注重对于产出目标实现程度和走向预测，对绩效目标实现可能进行大致判断。具体有：汇总运行期内体育彩票公益金项目的完成进度，并对完成趋势进行预先推演，包括产出中的数量、质量、成本等；初步考察运行期内体育彩票公益金项目实施效果，并对其产出结果进行事先测定，包括经济、社会、生态效益等；跟踪服务对象，收集服务对象或者项目辐射对象的意见建议，阶段性监测满意度、预估未来满意度。

当然，在实际执行过程中，根据具体情况不同也可对体育彩票公益金绩效目标进展的运行监控有所侧重，如对能明确量化的绩效目标，可根据进度比例和项目计划时间跨度测算完成比例，及时调整项目进度，保证其未偏离项目立项时的绩效目标；而对于定性类绩效目标，则应在体育彩票公益金项目运行中或尽可能尝试找寻可量化考核的事中指标，或采取其他

方式方法展示执行进度和预测结果偏差。

### (二)预算执行情况

在事中监控过程中,相较于群众满意度、项目实施效果等定性类目标,预算执行进度是最为直观的。体育彩票公益金预算执行情况的监控,就是在追踪体育彩票公益金拨付情况和实际使用支出情况的基础上,判断公益金拨付和到位是否合规与及时,发现公益金预算执行进度与计划安排、与绩效目标实现进展是否有偏差,并对后续结转结余等情况进行预测,也可以理解为是对绩效目标实现程度和预算执行进度的"双监控"。

### (三)重点项目绩效延伸监控

简单而言,重点项目绩效延伸监控就是在常规监控的基础上,通过采取现场视察、个别访谈、列席有关会议、专题调研、明察暗访等方式,及时掌握公益金运行情况的第一手资料,加强对绩效管理情况的事中调查研究和分析研判。必要时,可采取定期驻点等形式进行重点督办,积极与体育彩票公益金使用单位沟通交流,接地气、摸实情。在参与调查方面,要开通信访举报途径,充分发挥群众的监督作用;通过媒体及时向社会公布调查情况,最大化监控实效。在内容方面,主要是对项目的具体工作开展情况进行监控,应重点关注招标采购、资产管理、会计核算、业务流程、风险防控等方面的具体内容。

## 第二节 体育彩票公益金绩效运行监控的实施

### 一、体育彩票公益金绩效运行监控的流程

现阶段,我国体育彩票公益金绩效运行监控工作主要以财政部门定期

监控结合体育主管部门、体育彩票公益金使用单位日常监控的方式进行，后者又分为不定时动态监控和定期定时监控。事实上，由于信息化水平及信息公开化水平尚不能支撑在线实时监控功能的实现，包括体育主管部门在内的中央部门所进行的预算绩效监控多以预算年度中期为要求①，与动态持续、实时跟踪的要求还相距甚远。因此，在实际工作中，定期定时监控最为常见。

对体育彩票公益金绩效运行定期定时监控工作一般在每年 8 月初进行，由体育主管部门对本年度前 7 个月体育彩票公益金的预算执行情况和绩效目标实现程度，集中进行一次绩效运行监控情况分析汇总。从流程看，第一步是体育彩票公益金使用单位在汇总收集绩效运行监控信息的基础上，对比随预算批复下达的绩效目标，定位具体偏差点，分析偏离原定绩效目标的原因，预测年度绩效目标实现情况，对于预计无法完成的绩效目标作原因分析和改进措施说明；第二步是体育彩票公益金使用单位根据汇总分析的情况，填报《体育彩票公益金项目预算绩效监控情况表》（见表 7 - 1），或一并形成汇总报告，作为年度绩效评价依据，并报送体育主管部门审核备查；第三步是体育主管部门汇总由体育彩票公益金使用单位填报的《体育彩票公益金项目预算绩效监控情况表》，集中分析体育彩票公益金各项目绩效运行监控信息，发现偏差问题、关注重点项目、提出改进意见，督促使用单位及时纠偏整改，形成整体报告后于 8 月中旬报送财政部门审核备查；最后，财政部门在收到报告后的 7 个工作日内提出审核意见反馈。

---

① 2019 年 7 月，财政部印发《中央部门预算绩效运行监控管理暂行办法》，要求每年 8 月，中央部门要集中对 1 ~ 7 月预算执行情况和绩效目标实现程度开展一次绩效监控汇总分析。

**表 7 – 1**　　　　　　　　**体育彩票公益金项目预算绩效监控情况**

202×年××月至××月

| 项目名称 | | | 主管部门 | | | 实施单位 | | | | |
|---|---|---|---|---|---|---|---|---|---|---|
| 年度目标 | 目标1：<br>目标2：<br>…… | | | | | | | | | |
| 一级指标 | 二级指标 | 三级指标 | 年度计划指标值 | 实际累计执行值 | 是否偏差 | 偏差原因 | 是否列为重点监控 | 目标完成可能性 | 改进措施 | 整改情况 |
| 过程 | 资金管理 | 指标1： | | | （是/否） | | （是/否） | （能/可能/不能） | | |
| | | …… | | | | | | | | |
| | 组织实施 | 指标1： | | | | | | | | |
| | | …… | | | | | | | | |
| | …… | | | | | | | | | |
| 产出 | 数量指标 | 指标1： | | | | | | | | |
| | | 指标2： | | | | | | | | |
| | | …… | | | | | | | | |
| | 质量指标 | 指标1： | | | | | | | | |
| | | 指标2： | | | | | | | | |
| | | …… | | | | | | | | |
| | 时效指标 | 指标1： | | | | | | | | |
| | | 指标2： | | | | | | | | |
| | | …… | | | | | | | | |
| | 成本指标 | 指标1： | | | | | | | | |
| | | 指标2： | | | | | | | | |
| | | …… | | | | | | | | |
| | …… | | | | | | | | | |

续表

| 一级指标 | 二级指标 | 三级指标 | 年度计划指标值 | 实际累计执行值 | 是否偏差 | 偏差原因 | 是否列为重点监控 | 目标完成可能性 | 改进措施 | 整改情况 |
|---|---|---|---|---|---|---|---|---|---|---|
| 效益 | 经济效益 | 指标1： | | | | | | | | |
| | | 指标2： | | | | | | | | |
| | | …… | | | | | | | | |
| | 社会效益 | 指标1： | | | | | | | | |
| | | 指标2： | | | | | | | | |
| | | …… | | | | | | | | |
| | 生态效益 | 指标1： | | | | | | | | |
| | | 指标2： | | | | | | | | |
| | | …… | | | | | | | | |
| | 可持续发展 | 指标1： | | | | | | | | |
| | | 指标2： | | | | | | | | |
| | | …… | | | | | | | | |
| | …… | | | | | | | | | |
| 满意度 | 服务对象满意度 | 指标1： | | | | | | | | |
| | | 指标2： | | | | | | | | |
| | | …… | | | | | | | | |
| 体育主管部门审核意见 | | | | | | | | | | |
| 财政部门审核意见 | | | | | | | | | | |
| 备注 | | | | | | | | | | |

填报说明：①对产生偏差的目标，可从制度、经费、人员、硬件条件等方面分析原因，并提出整改措施；②偏差较大项目要列为重点监控项目，要落实后期的整改情况。

资料来源：参考《中央部门预算绩效运行监控管理暂行办法》绘制。

## 二、体育彩票公益金绩效运行监控结果的应用

体育彩票公益金绩效运行监控结果的应用是整个监控工作环节的"收官"节点，只有监控结果的有效应用，才能推动体育彩票公益金绩效管理顺利迈进下一环节，最终实现闭环全过程的良性循环。从实际工作来看，以下三点是压实监控结果应用的关键。

第一，体育主管部门对体育彩票公益金绩效运行监控中发现的问题偏差，要注意分类别进行中期纠偏，统一好绩效目标和预算执行调整的步调。例如，当因政策变化或新冠肺炎疫情等突发情况引致出现绩效目标偏离过大以及预算进度执行过于缓慢问题时，要及时按程序调整绩效目标，并同步重设预算执行进度，或调减预算。又如，对于绩效运行监控过程中发现的预算执行与绩效目标出现较大偏差，已经或预计将造成重大损失浪费等问题时，可按程序暂停项目进程，调减预算、停止资金拨付，及时纠偏止损。

第二，财政部门要加强对绩效运行监控结果的审核分析工作，将体育彩票公益金绩效运行监控结果作为下一阶段或以后年度体育彩票公益金预算安排的重要参考依据；对在绩效运行监控过程中发现的财政违规违法问题，可依《中华人民共和国预算法》《财政违法行为处罚处分条例》等有关法律法规追究相关主体责任，追究结果纳入同级政府和相关部门行政问责内容。

第三，财政部门要大力推进体育彩票公益金绩效运行监控结果的信息公开工作，在符合《保密法》规定的同时，主动将体育彩票公益金绩效运行监控结果向同级人大、向社会公示，自觉接受社会各界的监督；体育彩票公益金主管部门及使用单位要积极落实监控结果中的问题整改，把整改措施和结果及时公示，保证问题整改有反馈。

## 三、未来体育彩票公益金绩效运行监控工作中应特别注意的事项

结合实际工作推进中遇到的问题，本书认为未来体育彩票公益金绩效运行监控过程中，应特别注意以下事项。

一是应持续优化绩效目标体系。体育彩票公益金进行绩效运行监控主要采用目标比较法，因此，如何建立起明确、合理、可量化的绩效目标是更好地发挥这一监控方法的基础。但是，与其他预算绩效管理项目类似，体育彩票公益金所支持的项目也存在差异化特点，且由于目前我国基本公共服务标准化体系尚在建立过程中，要做到全部绩效目标科学可量化的难度很大。故在开展体育彩票公益金绩效运行监控过程中，有必要在坚持原定绩效目标的同时，注重实现监控过程中的绩效目标修订或增加绩效目标中期考核指标，以促进绩效目标体系的整体优化。当然，这也会进一步倒逼绩效目标在设立阶段就要更加严谨务实，有助于从源头上提高体育彩票公益金预算绩效管理水平。

二是应分类明晰绩效运行监控重点。针对体育彩票公益金支出项目的不同性质，绩效运行监控应有所侧重，优先选择最能够反映项目特征的内容作为监控的重点。如对于群众体育领域的支出，要注重考核体育彩票公益金项目支出与公共体育供给是否达到预期效果，既要进行公共体育硬件设施的增量考察，更要注重追踪社会大众对于公共体育配给的满意程度；对于竞技体育领域的支出，则应更加偏重于定量目标的考核，包括国内外赛事参加数量、奖牌获得数量、优秀体育人才培养数量、体育运动训练场地增加数量等。

三是应适度加强报送审核与实地调研的结合。体育彩票公益金绩效运行监控过程中，财政部门和体育主管部门不仅要对绩效运行监控作案头分析，还应进行必要的实地跟踪调研，掌握一手动态资料。对于如项目相关

制度建设情况及项目开展手续办理情况等事项，由于具有规范化的正式文书，自然以审核上报资料的方式为主，进行案头分析；但对于如重点项目中彩票公益金的到位情况、使用情况、管理情况、项目具体进度情况、项目执行中出现的问题情况等事项，在绩效运行监控过程中，为取得第一手资料，就有必要实地取证考察，即采取案头调研和现场延伸相结合的方式。

# 第八章 体育彩票公益金绩效管理闭环系统之绩效评价及结果应用

## 第一节 体育彩票公益金绩效评价的基础

绩效评价是体育彩票公益金绩效管理闭环系统的中枢环节。通过体育主管部门、财政部门和体育彩票公益金使用单位共同合作，按照规范的评价程序，参照既定的评价标准，运用科学的评价方法，就支出项目绩效目标完成情况进行全方位考察评价，能够让三方明晰体育彩票公益金的使用效益，有助于建立起实用高效的绩效管理事后约束机制。

### 一、体育彩票公益金绩效评价的意义

在全面实施绩效管理的财税体制改革背景下，随着隶属于财政资金范畴的体育彩票公益金规模的不断增加，开展绩效评价的意义愈加突显。

（1）实现效率性与公平性的统一。效率性主要体现在绩效评价能够优化体育彩票公益金投入与产出的比值关系。体育彩票公益金绩效评价聚焦于绩效目标，关注公益金投入对于达成目标的贡献，根据产出情况，判

断投入的公益金规模是否适度，促使公益金的投入产出比例尽可能保持在最佳水平。公平性体现在绩效评价一般需要测定公益金支出项目所产生的社会效益，落脚在其作为公共财政资金的基本属性和功能上，故能够引导体育彩票公益金向社会公益事业和体育事业方向流动，提高社会整体福利水平，促进体育公共服务的均等化。

（2）助力长期短期效益与直接间接效益的平衡。绩效评价需要对体育彩票公益金支出项目的经济效益和社会效益等进行一系列评估，如此而言，不仅要考虑项目本身带来的短期效益和直接效益，还要对其长期效益和由项目引致的间接效益联合考虑。

（3）保证廉洁自律意识和责任意识的提升。通过绩效评价，能够让政府和社会公众更清晰地了解到体育彩票公益金在前期项目选择、中期资金运用和后期项目运行的全过程，通过将相同地区的不同类型项目或者不同地区相同类型项目的绩效情况进行分析比对，便于其更有效地监督体育彩票公益金的使用，从而提升体育彩票公益金相关工作人员廉洁自律意识和责任意识。

## 二、体育彩票公益金绩效评价的主体与方式

按照我国现行预算绩效管理的规定，绩效评价的主体包括各级财政部门和预算部门、专家学者和中介机构等第三方，以及人大、政协与社会公众。按不同主体可将绩效评价方式分为自评和他评，由资金使用部门自行开展的绩效评价为自评，由上级财政和预算部门、第三方机构以及社会公众参与的绩效评价为他评。

在实践中，体育彩票公益金绩效评价的自评主体即体育彩票公益金使用单位，他评主体有财政部门、体育主管部门、第三方机构以及人大、政协等。

## 三、体育彩票公益金绩效评价的对象

就自评对象而言，凡是纳入政府预算管理的体育彩票公益金支持项目，都属于体育彩票公益金自我评价的对象。

就他评对象来看，如果体育主管部门作为他评主体，会优先选择体育领域重点改革发展项目为评价对象，对一般性项目进行随机选择；如果当地人民代表大会、财政部门以及第三方机构等作为他评主体，则往往会根据其工作安排，重点对社会关注度较高、实施期限较长、覆盖范围较广、影响力较大的公益金支持项目开展绩效评价。

## 四、体育彩票公益金绩效评价的原则

### （一）客观公正原则

所谓客观公正原则，一是指绩效评价主体要客观公正。财政部门、体育主管部门及公益金使用单位在评价过程中都应恪守职责、敬畏规则、遵守流程，避免因主观好恶影响评价结果。二是指数据来源的客观公正。缺乏客观的数据资料就难有公正的评价结果，因此应提高易得数据定量指标占比，使评估结果的确定性增强、主观性降低。三是指评价结果运用的客观公正。体育彩票公益金绩效评价结果需依法向社会大众公开展示，接受广大群众的监督。与此同时，体育彩票公益金的全流程管理工作均应与绩效评价结果实质性挂钩，通过奖惩结合，实现对无效项目的问责、低效项目的压减、高效项目的继续。

### （二）系统全面原则

所谓系统全面原则，一是要统观全局，通盘考虑体育彩票公益金项目的目标设定、过程监控、结果评价三者间的协调，从整体出发对前期项目支出、中期存在问题、后期取得效果进行统筹分析。二是要分清主次，能够将子项目与总项目、单个目标与总体目标间的逻辑关联清晰地梳理出来，以保证最终得到的评价结果既聚焦又完整。

### （三）分级分类原则

所谓分级分类原则，一是要区分项目级别，即根据项目的急缓和重要程度，将其分为重点项目和一般项目，并对影响效力大、覆盖范围广、人民呼声高、实施周期长的项目重点关注，做好周期性评价。二是要根据评价对象特点进行分类，如众所知，体彩公益金支出项目千差万别，群众体育类和竞技体育类自然不同，场馆设施类和赛事活动类区别也较大，通过逐步形成相对固定的几大类别，对不同类别的项目选定不同的评价方法、评价指标等，有助于提高绩效评价效率和质量。

### （四）高效可行原则

所谓高效可行原则，一是体育彩票公益金绩效评价指标体系设计应高效可行，要实现定性与定量的结合、共性与个性的组合、经济性与社会性的集合，保证所选择的绩效评价指标能够反映最关键信息，从而降低绩效评价的复杂程度，使相关工作人员通过简要关键的绩效评价指标就可了解项目支出效果的重要内容，提高工作效率。二是评价分工应高效可行。评价主体要分工明确，各有侧重。例如，体育彩票公益金使用单位需对所有项目进行自评，体育主管部门要实现对所管体育彩票公益金项目的年度重点抽评和五年内重点项目的评价全覆盖，财政部门等评价主体则主要是就事关体育事业高质量发展和社会关注度高的体育彩票公益金项目进行抽评。

## 五、体育彩票公益金绩效评价的依据

体育彩票公益金绩效评价的依据主要集中在以下五个方面。

（1）《中华人民共和国预算法实施条例》《彩票公益金管理办法》《项目支出绩效评价管理办法》《中央集中彩票公益金支持体育事业专项资金管理办法》等关于财政资金预算安排、公益金支出管理、绩效评价等方面的法律法规和规章制度。

（2）《体育强国建设纲要》《全民健身计划（2021—2025 年)》等中央层面的重大体育类规划，以及各地政府结合地方社会、经济发展情况制定的符合地方实际的重点任务及目标规划。

（3）体育行业相关的专业技术规范、行业标准及行业政策。

（4）财务预算决算报表、财务报告、年度工作报告、年度计划、可行性报告、项目申报书、项目预算批复文件、项目支出绩效目标申报表、项目中期报告、评审报告等一系列体育彩票公益金项目支出预算管理文本。

（5）体育彩票公益金支持项目所在地本级人民代表大会评议通过的项目审计报告、项目结果报告和最终决定意见，以及财政监督部门出具的项目稽核报告等其他材料。

## 六、体育彩票公益金绩效评价的内容

体育彩票公益金使用单位进行自评时，主要对预算执行期内各项绩效指标的完成情况、是否达成项目总体绩效目标以及项目预算执行情况等进行评价。在绩效目标未完成或较大偏离的情况出现时，对项目情况进行详细分析，并在报告中写明问题出现的原因，同时提出解决问题的改进措施。

体育主管部门、财政部门或者第三方机构等进行他评时，主要对项目使用单位决策情况、项目整体管理制度是否健全及制度执行情况、项目整体运营效益情况、项目实现产出情况、绩效目标完成情况、绩效运行监控情况、中期纠偏情况、信息公开情况、后期整改情况以及其他相关的内容进行评价。

# 第二节　体育彩票公益金绩效评价的指标体系

## 一、体育彩票公益金绩效评价指标

开展体育彩票公益金绩效评价工作，首先要确定绩效评价指标。作为衡量绩效目标是否达成的重要考核工具，体育彩票公益金绩效评价指标与前述所谓的体育彩票公益金绩效指标既紧密联系又有所区别。

一方面，由于体育彩票公益金绩效指标反映的是项目资金支出应产生的效益和结果，而体育彩票公益金绩效评价指标则是对项目资金支出应产生效益和结果的实现程度进行度量，因此，绩效评价指标可直接以绩效指标作为组成部分。换句话说，在实际工作中，体育彩票公益金绩效评价主体在绩效评价指标设定时，可以将体育彩票公益金使用单位在项目申报之初设定的绩效指标作为绩效评价指标内容的一部分，用以检视绩效指标是否科学、项目进展程度是否正常等。

另一方面，两者之间又存在一定差别。首先，设定主体不同。体育彩票公益金项目绩效指标是由体育彩票公益金使用单位设定，而体育彩票公益金绩效评价指标的设定主体则要视评价方式而定，如果是自评，那么设定主体就是体育彩票公益金使用单位；如果是他评，设定主体就可能是体育主管部门或财政部门以及第三方等。其次，设定时间不同。体育彩票公益金绩效指标的设定时间是在资金预算编制时期,在上报预算的同时就已报主管部门审批;体育彩票公益金绩效评价指标则是在项目进行中和完成后,在对项目进行绩效评价时设定的。

## (一) 绩效评价指标的分类

(1) 按适用范围不同可以将体育彩票公益金绩效评价指标分为个性指标和共性指标。其中,个性指标是指在不同类型的体育彩票公益金资金支持项目中的特有指标,它是在收集项目相关资料和信息的基础上,对项目情况进行充分了解后,结合具体项目的实际特点制定的针对性、专属化指标;共性指标是指在所有体育彩票公益金资金支持项目中均适用的评价指标,这类指标主要存在于体育彩票公益金的财政支出预算层面,如资金分配、资金到位情况等。

(2) 按性质特点不同可以将体育彩票公益金绩效评价指标分为定性指标和定量指标。其中,定性指标是指无法或难以对评价内容进行量化阐释而以描述性分析为核心特征的指标,其主要作用于服务对象的满意度、项目质量的衡量和解释工作上;定量指标即通过衡量数值的多少来评价项目情况,可以用具体数值来直观反映评价结果。通常情况下,体育彩票公益金绩效评价指标的制定需遵循定性指标和定量指标相结合的原则,采用"定量指标为主,定性指标补充"的方式。

(3) 按预算资金环节不同可以将体育彩票公益金绩效评价指标分为投入类、过程类、产出类以及效果类的指标。这种指标分类方式主要以成本效益分析在投入产出活动中的作用为理论基础(成本即体育彩票公益金的资金支持,产出即体育产品和服务),通过详细分解整个体育彩票公益金项目实施过程中的资金活动,将体育彩票公益金支出绩效形成的经过清晰地展现出来,从而更好地筛选出对绩效结果产生影响的关键因素,将体育彩票公益金资金支持项目的绩效情况全面反映出来。

在体育彩票公益金绩效评价指标体系中,某一项具体的绩效评价指标可能拥有多种类别属性，如既是共性指标，又有定性指标的特征，还可归于效果指标中。因此，在体育彩票公益金绩效评价过程，往往要在上述三种分类的基础上，结合项目特点，找出绩效评价的重点和关键性要求，才能设计出一套科学、合理且针对性强的绩效评价指标体系。

### （二）绩效评价指标设置要求

就自评而言，考虑到体育彩票公益金使用单位往往同时是绩效指标和绩效评价指标的设定主体，因此，绩效评价指标通常以绩效指标为基本构成，主要包括项目成本、产出数量和质量以及项目的社会效益、经济效益、生态效益、可持续性影响、服务对象满意度等。在现行财政资金绩效管理一般准则指引下，进行自我评价时，预算执行率占比为10%，产出指标、效益指标、满意度指标作为一级指标的权重设置常为50%、30%和10%，二级和三级指标权重则根据项目具体情况由体育彩票公益金使用单位具体设定。

从他评来看，设置绩效评价指标时，一是要尽可能将体育彩票公益金支出项目的资金管理、效益和产出以及项目决策等情况全面反映出来，并确保其与支出项目特点密切关联；二是要选择比较容易获得和采集的数据与相关证明材料；三是最能直接反映项目效益和产出情况、最具有代表性的核心指标要有限选择，力求简单实用；四是为便于项目评价结果对比分析，同类型项目要选取相对一致的绩效评价指标；五是对处于不同实施阶段的体育彩票公益金支持项目，绩效评价指标权重的设置应有所区别，但总体而言，效益、产出指标占比原则上要高于60%。

## 二、体育彩票公益金绩效评价标准和方法

### （一）绩效评价标准

体育彩票公益金绩效评价标准是指用来测量绩效评价各指标得分情况的

起始尺度标准，主要包括计划标准、行业标准、历史标准（见表8-1）。

表8-1                    体育彩票公益金绩效评价标准对比

| 绩效评价标准 | 释义及范围 | 优缺点 | 举例 |
| --- | --- | --- | --- |
| 计划标准 | 参照已制订的各项计划目标制定的评价标准；一般用于有明确计划和管理任务的评价对象 | 便于实现预期产出与实际产出值的对比分析，及时发现差异情况；但依赖于计划制订的水平，易受主观因素干扰 | 例如，《体育强国建设纲要》提出"到2035年，要使人均体育场地面积达到2.5平方米，城市居民达到《国民体质测定标准》合格以上的人数比例超过92%"，以上数据可作为测度体育强国建设情况的计划标准 |
| 行业标准 | 参照国家公布的行业指数等数据信息制定的评价标准；适用范围较为广泛，特别是需要进行横向比较的评价对象 | 便于实现同类型指标的横向比较；但需要建立在对项目所在行业的精准识别以及相关行业健全的数据统计基础上 | 例如，《体育场所服务质量管理通用要求》《运动员身体形态与机能数字化档案要求》等具体规定，可作为涉及体育场所服务质量等内容的绩效评价行业标准 |
| 历史标准 | 参照同级别同类型项目绩效评价指标的历史数据信息制定的评价标准；适用范围较为广泛，特别是包含已有数据的同类别指标的评价对象 | 便于实现同类型指标的纵向对比，客观性较强；但受统计口径等因素影响或导致无法对比分析 | 例如，国家体育总局本级体育彩票公益金：2018年共支持地方建设社区中心166个、体育公园115个、健身步道（包含健身步道、自行车道）154条；2019年共支持地方建设社区健身中心151个、体育公园121个、健身步道188条。以上数据可作为体育彩票公益金绩效评价指标中的历史标准 |

资料来源：参考《项目支出绩效评价管理办法》《体育强国建设纲要》《国家体育总局2018年度本级体育彩票公益金使用情况公告》等文件公告整理绘制。

### （二）绩效评价方法

体育彩票公益金绩效评价方法主要有以下六种：比较法、最低成本法、成本效益分析法、因素分析法、标杆管理法和公众评判法（见表8-2）。

表 8－2 　　　　　　　　　体育彩票公益金绩效评价方法对比

| 绩效评价方法 | 释义 | 特点 |
|---|---|---|
| 比较法 | 将实施情况与绩效目标、历史情况、不同部门和地区同类支出情况进行比较的方法 | 是一种相对评价方法，操作比较简便 |
| 最低成本法 | 在绩效目标确定的前提下，成本最小者为优的方法 | 规避了对效益的衡量，简单易用，缩小评价工作量；但需要结合其他方法共同使用 |
| 成本效益分析法 | 将投入与产出、效益对比分析的方法 | 适宜成本和收益能有效计量的项目，但是以社会效益为主的项目不宜采用 |
| 因素分析法 | 综合分析影响绩效目标实现、实施效果的内外部因素的方法 | 很多公共项目都可以使用该方法 |
| 标杆管理法 | 以国内外同行业中较高的绩效水平为标杆进行评判的方法 | 实效性强和适用性高；但易导致行业竞争趋同化 |
| 公众评判法 | 通过专家评估、公众问卷及抽样调查等方式进行评判的方法 | 民主性、公开性强；但可能存在部分主观干扰因素 |

资料来源：根据公开文献资料整理绘制。

开展自评时，体育彩票公益金使用单位可以选择上述任意一种或多种方法进行绩效评价，并综合定性指标和定量指标得分计算评价结果。具体计算分值时，定性指标得分可根据未达成指标且项目取得效果较差、达成部分指标且项目取得一定效果、完全达成既定指标三个层次分别对照 0～59 分、60～79 分、80～100 分三个分值区间确定；对定量指标来说，如完成指标值就获得该项指标值的全部分值，如超额完成指标则要对超额原因进行分析，若存在初始设置值偏低问题还需进行适度扣分，如未完成指标则按照完成部分分值根据比例确定得分。

开展他评时，体育主管部门、财政部门、第三方等可以根据体育彩票公益金支持项目的类别以及项目具体情况而采用一种或多种评价方法，并运用评级和评分相结合的方式得出绩效评价结果。通常而言,评级分为优、良、中、差四个档次,分别对应的评分区间为 90～100 分、80～89 分、60～79 分、60 分以下。

# 第三节　体育彩票公益金绩效评价的组织管理与实施

## 一、自评的组织管理与实施

自我评价主要由体育彩票公益金使用单位独立实施。依据财政部门制定的绩效评价制度办法,在体育主管部门的指导下,公益金使用单位要着重关注年度目标完成情况、年度绩效指标达成程度、年度预算执行水平等内容开展自评,对于未完成情况进行判断和分析,做出相应解释或提出具体整改举措。自评结果主要通过填报《体育彩票公益金项目支出绩效自评表》(见表 8 - 3)的形式来实现。公益金使用单位需对自评结果的真实准确性负责,并按要求在规定时限内汇总结果至体育主管部门。同时,积极配合体育主管部门、财政部门等组织的他方评价工作,落实好评价整改意见。

表 8 - 3　　　　　　　　体育彩票公益金项目支出绩效自评表

(202 × 年度)

填报单位:　　　　　　　　　　　　　　　　　　　　　填表时间:

| 项目名称 | | | |
|---|---|---|---|
| 主管部门 | | 主管<br>部门编码 | |

续表

| 项目<br>实施单位 | | | 项目<br>负责人 | | | 联系<br>电话 | | |
|---|---|---|---|---|---|---|---|---|
| 项目类型 | 上年原有项目□　新增固定项目□　新增一次性项目□　其他项目□ | | | | | | | |
| 项目期限 | 年　　月至　　年　　月 | | | | | | | |
| 项目资金 | 年初批复<br>预算 | 年度实际<br>下达预算 | 年度执行<br>预算 | 执行率 | 分值 | | 得分<br>（10分） | 偏差原因<br>分析及<br>改进措施 |
| 年度<br>目标 | 年度目标 | | | | 年度目标完成情况 | | | |
| 年度<br>绩效指标 | 一级<br>指标 | 二级<br>指标 | 指标内容/<br>指标公式 | 年度<br>指标值 | 实际<br>完成值 | 完成度 | 分值 | 得分 | 偏差原因<br>分析及<br>改进措施 |
| | 产出<br>指标<br>（50分） | 数量<br>指标 | 指标1： | | | | | | |
| | | | 指标2： | | | | | | |
| | | | …… | | | | | | |
| | | 质量<br>指标 | 指标1： | | | | | | |
| | | | 指标2： | | | | | | |
| | | | …… | | | | | | |
| | | 时效<br>指标 | 指标1： | | | | | | |
| | | | 指标2： | | | | | | |
| | | | …… | | | | | | |
| | | 成本<br>指标 | 指标1： | | | | | | |
| | | | 指标2： | | | | | | |
| | | | …… | | | | | | |
| | | …… | | | | | | | |

续表

| 一级指标 | 二级指标 | 指标内容/指标公式 | 年度指标值 | 实际完成值 | 完成度 | 分值 | 得分 | 偏差原因分析及改进措施 |
|---|---|---|---|---|---|---|---|---|
| 年度绩效指标 | 效益指标（30分） 经济指标 | 指标1： | | | | | | |
| | | 指标2： | | | | | | |
| | | …… | | | | | | |
| | 社会指标 | 指标1： | | | | | | |
| | | 指标2： | | | | | | |
| | | …… | | | | | | |
| | …… | | | | | | | |
| | 满意度指标（10分） 服务对象满意度指标 | 指标1： | | | | | | |
| | | …… | | | | | | |
| 总分 | | | | | | 100 | | — |

资料来源：参考《项目支出绩效评价管理办法》绘制。

## 二、他评的组织管理与实施

体育彩票公益金绩效他方评价主要由体育主管部门和财政部门等组织实施，其基本工作包括以下步骤。

### （一）选定评价对象并成立联合评价工作小组

选定评价对象是体育彩票公益金绩效他方评价的第一步。在这个阶段，体育主管部门、财政部门等他评主体会根据体育事业发展的阶段性重点和社会大众关注度高的领域选定体育彩票公益金支出项目，随后成立联合评价工作小组。

由于联合评价小组成员需具备财政预算支出方面的财务管理知识，熟练掌握绩效评价的政策规定、评价原理以及具体方法，熟悉体育彩票公益金支持项目的基础背景、行业发展状况等，因此，小组成员一般由来自体育主管部门中的财务审计相关人员、财政部门中的预算管理相关人员以及行业专家等组成。有时也可由体育主管部门、财政部门根据相关程序，选取符合条件的第三方社会机构开展绩效评价工作。

### （二）制定绩效评价工作方案并下达绩效评价通知书

1. 制定绩效评价工作方案

绩效评价工作方案是绩效评价工作开展的总纲领，由联合评价工作小组直接制定，主要包括以下四方面内容：第一，绩效评价工作时间进度表；第二，实施绩效评价工作的必要工作条件及相关资料；第三，拟采用的绩效评价指标及对其的详细说明；第四，拟采用的绩效评价标准和评价方法。

2. 下达绩效评价通知书

体育彩票公益金项目绩效评价通知书的下达是绩效评价工作实质性推进的标志，通知书主要包括评价对象、评价内容、评价目的、评价时间、评价任务等，由他评主体向被评价单位下达。自接到体育彩票公益金项目绩效评价通知书起，被评价单位就要按通知内容做好相关准备工作并配合好联合评价小组拟开展的后续评价工作。

### （三）汇集审核绩效评价数据资料并进行现场勘查

1. 汇集基础资料

根据绩效评价工作方案，联合评价工作小组收集的体育彩票公益金项目基础资料和相关数据，包括但不限于公益金的使用情况、被评价单位的基本状况（如组织架构、征信情况、涉诉情况等）、绩效目标设立或调整情况、项目的组织实施情况、项目管理情况、绩效评价工作方案所需的其他相关数据或信息等。

2. 审核基础资料

联合评价工作小组对基础资料审核的重点主要有基础资料的真实性、数据的可靠性、指标口径的统一性等。通过审核，小组成员可以初步掌握被评价单位的基本情况，进而确定对被评价单位进行现场勘察的重点和形式。

3. 开展现场勘察

联合评价工作小组通过听取被评价单位员工的情况说明、向各方发放调查问卷、召开各种形式的座谈会、对照前期收集的资料进行现场比对等方式，深入被评价单位进行现场勘察，掌握最真实的评价资料。

### （四）核实具体情况并形成初步评价结论

联合评价工作小组根据收集到的体育彩票公益金项目基础资料和相关数据，结合现场勘察结果，采用绩效评价工作方案中确定的评价标准、评价指标以及评价方法，以评价数据为基础，开展全面定性、定量分析，对被评价单位绩效情况进行综合评价，初步形成评价结论。

### （五）形成最终评价结论并建立绩效评价档案

1. 向被评价单位反馈初评结果

联合评价工作小组将初评结果反馈给被评价单位并征求意见。如被评价单位对初评结果持有不同意见，可提供相关证据资料，交由联合评价工作小组重新审核。

2. 形成最终评价报告

联合评价工作小组收到被评价单位的反馈意见后，结合反馈内容，讨论审核得出最终评价意见，按规定格式撰写绩效评价报告。

3. 提交绩效评价报告并建立绩效评价档案

联合评价工作小组将绩效评价报告提交给他评主体后，主管部门在妥善保存绩效评价结果的同时，一般还会建立绩效评价档案或信息数据库。随着绩效评价档案的建立，体育彩票公益金绩效他方评价工作也正式结束。

# 第四节　体育彩票公益金评价结果<br>在实际工作中的应用

体育彩票公益金绩效管理是否能够闭环高效运转，取决于绩效评价结果能否真正应用于实际工作中，这也是绩效评价工作的关键所在及最终目的。只有体育彩票公益金使用单位根据结果反馈进行了相应整改，绩效评价结果与相关单位工作考评以及后续公益金预算额度相挂钩，绩效评价的作用才能够切实体现，体育彩票公益金使用效益才有望得到显著提高。

## 一、根据绩效评价结果进行整改

对自评而言，体育彩票公益金使用单位应将自我绩效评价结果作为完善单位管理制度、提升单位工作效率的重要依据；对自评中发现的问题，要及时向上级部门说明原因并附整改措施，在得到批复反馈后落实整改。

对他评而言，体育主管部门、财政部门以及第三方等他评主体要及时将绩效评价报告反馈给体育彩票公益金使用单位，如存在需要整改的问题，要明确整改期限；体育彩票公益金使用单位则要对照具体要求进行一一整改，并在规定期限内将整改情况以书面报告形式报送至体育主管部门或财政部门。

## 二、绩效评价结果挂钩预算管理

绩效评价结果挂钩预算管理是指财政部门可以根据评价结果对体育彩票公益金支出项目的预算进行优先支持、核减或不予安排的处理，与此同时，评价结果也可以为后续同类项目绩效目标的设立和下一步预算安排提供证据支持。

从体育彩票公益金使用单位来看，绩效评价结果的应用主要体现在资金支出责任层面。绩效评价结果能够比较全面反映出项目执行单位的预算资金使用效率，通过对绩效评价结果的解读，使用单位可以以此为契机，打补丁、补漏洞，降低资金使用成本，提升体育彩票公益金支持项目的公共体育产品和公共体育服务供给质量与效率。

从体育主管部门和财政部门来看，绩效评价结果的应用则主要体现在资金分配责任层面。绩效评价结果是判断体育彩票公益金配置是否合理的主要依据，便于在后续公益金安排方面作出更好决策，使体育彩票公益金支出处于更加合理的状态，进而将财政资金的使用风险控制到最低，使本级政府财政管理和资源配置更加合理。

## 三、绩效评价结果挂钩综合考评

绩效评价结果挂钩综合考评是指在地方政府和相关机关部门的工作考核中加入体育彩票公益金项目绩效评价结果的内容，并作为领导干部综合考评的重要指标之一。同时，应严格贯彻"谁花钱，谁担责"的原则，建立健全绩效问责机制，对于造成体育彩票公益金出现损失或重大损失的具体责任人，需根据国家有关规定，严格追究其相应责任。例如，对将体育彩票公益金挪作他用或有其他违法行为的，需依照《财政违法行为处罚处分条例》《中华人民共和国预算法》严肃追究其违法责任，严重的将移送纪律检查部门处理；对在体育彩票公益金项目绩效评价过程中出现玩忽职守、徇私舞弊等违纪违法行为的，已违反《中华人民共和国预算法》《中华人民共和国监察法》《中华人民共和国公务员法》《财政违法行为处罚处分条例》等相关法律规定的，按照国家有关法律法规的规定追究其相应的法律责任；情节严重并已涉嫌违法犯罪的，将依照国家法律规定移送司法机关处理。

# 第九章　体育彩票公益金绩效管理
## 闭环系统顺畅运转的
## 潜在障碍与对策建议

前面章节对体育彩票公益金绩效管理闭环系统的构成要素及其运行机制做了全面阐述。本章主要站在中长期发展视角，对体育彩票公益金绩效管理及闭环系统顺畅运转过程中可能遇到的问题即潜在障碍进行预判，并据此提出对策建议。

## 第一节　体育彩票公益金绩效管理闭环
## 系统顺畅运转的潜在障碍

### 一、规制建设有待增强

规制建设是体育彩票公益金绩效管理闭环系统高效运转的根本保障，但从现行公益金绩效管理法规制度来看，仍存在诸如顶层设计不到位、地方规章不健全、奖惩和信息披露等配套机制不完善的问题，这无疑不利于闭环系统的顺畅运行。

## （一）顶层设计不到位

体育彩票公益金绩效管理是公益金管理和彩票管理的重要内容。但是，无论是彩票业的最高规制——《彩票管理条例》，还是有"操作指南"之称的《彩票管理条例实施细则》，均对公益金绩效管理"只字未提"。直到 2021 年，财政部印发的《彩票公益金管理办法》才首次明确，要加强彩票公益金全过程绩效管理，建立绩效评价常态化机制，强化绩效评价结果应用；同时，要求省级以上财政部门以及民政、体育等彩票公益金使用部门、单位应建立和完善彩票公益金支出绩效自评及评价制度，提高彩票公益金资源配置效率和使用效益；进一步规定了彩票公益金使用部门、单位向社会公告应当包含的具体内容，强调对于不按规定向社会公告的将依法追责。

不过，由于新版《彩票公益金管理办法》出台仅一年有余，所以，体育系统并未来得及推出体育彩票公益金管理办法，现行相关制度仍是以《国家体育总局彩票公益金使用管理规定（暂行）》和《中央集中彩票公益金支持体育事业专项资金管理办法》为主。综上，现阶段专门针对体育彩票公益金绩效管理的顶层设计还远不到位（见表 9 - 1），加之法制化建设进程严重滞后，导致体育彩票公益金绩效管理工作开展中很难找到权威性高、适用性强的法律法规，主要还是依靠财政部门制定的"通行式"的管理制度和规范。

**表 9 - 1　　　　　　　　体育彩票公益金相关管理规制**

| 时间 | 文号 | 发文机关 | 名称 | 是否涉及绩效 | 是否提及体育彩票公益金绩效 |
|---|---|---|---|---|---|
| 1994.03 | 国办函〔1994〕30 号 | 国务院 | 国务院办公厅关于体育彩票等问题的复函 | 否 | 否 |

| 时间 | 文号 | 发文机关 | 名称 | 是否涉及绩效 | 是否提及体育彩票公益金绩效 |
|---|---|---|---|---|---|
| 1994.07 | 国家体委第 20 号令 | 国家体委（已变更） | （已失效）1994—1995 年度体育彩票发行管理办法 | 否 | 否 |
| 1998.09 | 体经字〔1998〕365 号 | 国家体育总局、财政部、中国人民银行 | （已废止）《体育彩票公益金管理暂行办法》 | 否 | 否 |
| 1999.01 | 银发〔1999〕36 号 | 中国人民银行 | 中国人民银行关于加强彩票市场管理的通知 | 否 | 否 |
| 1999.12 | 银发〔1999〕429 号 | 中国人民银行、财政部 | 关于移交彩票监管工作的通知 | 否 | 否 |
| 2001.01 | 国发〔2001〕35 号 | 国务院 | 国务院关于进一步规范彩票管理的通知 | 否 | 否 |
| 2002.07 | 体群字〔2002〕89 号 | 国家体育总局 | 《关于加强体育彩票公益金援建项目监督管理的意见》 | 否 | 否 |
| 2004.08 | 体群字〔2004〕106 号 | 国家体育总局 | 《关于进一步加强用于全民健身的体育彩票公益金使用管理的通知》 | 否 | 否 |
| 2006.04 | 财综函〔2006〕7 号 | 财政部 | 《财政部关于调整彩票公益金分配政策的通知》 | 否 | 否 |
| 2007.11 | 财综〔2007〕83 号 | 财政部 | （已废止）《彩票公益金管理办法》 | 否 | 否 |
| 2009.05 | 国务院令第 554 号 | 国务院 | 《彩票管理条例》 | 否 | 否 |
| 2012.01 | 财政部、民政部、国家体育总局令第 67 号 | 财政部、民政部、国家体育总局 | （已废止）《彩票管理条例实施细则》 | 否 | 否 |
| 2012.03 | 财综〔2012〕15 号 | 财政部 | （已废止）《彩票公益金管理办法》 | 是 | 否 |

续表

| 时间 | 文号 | 发文机关 | 名称 | 是否涉及绩效 | 是否提及体育彩票公益金绩效 |
|------|------|----------|------|--------------|------------------------------|
| 2013.12 | 财教〔2013〕481 号 | 财政部、国家体育总局 | （已废止）《中央集中彩票公益金支持体育事业专项资金管理办法》 | 是 | 是 |
| 2015.02 | 体经字〔2015〕74 号 | 国家体育总局 | 《体育总局关于切实落实彩票资金专项审计意见加强体育彩票管理工作的通知》 | 否 | 否 |
| 2015.03 | 体群〔2015〕21 号 | 国家体育总局 | 《中央级彩票公益金资助全国性体育社团和体育总局相关单位开展全民健身活动办法》 | 否 | 否 |
| 2015.01 | 财综〔2015〕94 号 | 财政部 | 《关于进一步规范和加强彩票资金构成比例政策管理的通知》 | 否 | 否 |
| 2018.08 | 财政部、民政部、国家体育总局令第 67 号 | 财政部、民政部、国家体育总局 | 《彩票管理条例实施细则》 | 否 | 否 |
| 2018.12 | 体规字〔2018〕343 号 | 国家体育总局 | 《体育彩票公益金资助项目宣传管理办法》 | 否 | 否 |
| 2020.06 | 财教〔2020〕69 号 | 财政部、体育总局 | 《中央集中彩票公益金支持体育事业专项资金管理办法》 | 是 | 是 |
| 2021.05 | 财综〔2021〕18 号 | 财政部 | 《彩票公益金管理办法》 | 是 | 否 |

资料来源：根据国务院、财政部、人民银行、国家体育总局等公开资料整理绘制。

## （二）地方规章不健全

如前所述，由于体彩公益金管理的顶层设计尚不到位，所以地方层面的规制建设就显得更为滞后且不健全。具体来说，一是除了湖南等极个别省份曾印发过省级体育彩票公益金绩效管理办法外，绝大部分省份没有专门的体彩绩效管理制度；二是除了安徽等个别省份根据《中央集中彩票公益金支持体育事业专项资金管理办法》和《彩票公益金管理办法》推出了本省体育彩票公益金支持体育事业专项资金管理办法外，其他省份暂还未跟进；三是多数省份执行的省级体育彩票公益金管理办法还是参照已废止的《彩票公益金管理办法》制定——对体彩公益金绩效管理提及甚少，市县级层面的对应办法鲜见。

毋庸置疑，对体育彩票公益金的绩效管理来说，地方层面是关键，如果缺乏系统化、专业化、特色化的规章制度，省市县各级对口管理机构和部门在实际工作中就容易出现随意性问题，这自然不利于体育彩票公益金闭环系统的运行，进而影响公益金的使用效益。

### （三）配套机制不完善

激励约束机制和信息披露机制是绩效结果应用反馈的基本保障，也是体育彩票公益金绩效管理规制体系的重要配套，目前，这方面建设尚不完善，远未发挥应有效能。具体表现在以下两方面。

一方面，绩效管理激励约束机制尚不完善。在体育彩票公益金绩效管理闭环系统运行的早期阶段，建立适度的激励约束机制，如根据绩效评价结果的高低，在预算安排中，赋予绩效评价结果优秀的体育彩票公益金主管部门和使用单位以较多的自主权，可更加有效地推进绩效管理工作落实落细；同时，将体育彩票公益金绩效评价结果纳入其主管部门和使用单位的管理责任中，将公益金使用效益作为主管部门和使用单位政绩考核的组成部分，将较好地约束其"重投入、轻产出"的操作"惯性"，减少"政绩工程""面子工程"，提高支出效率。不过，在目前各地的体育彩票实际管理工作中，真正将激励约束机制建立起来并扎实执行的并不多见。

另一方面，绩效信息披露机制尚不完善。体育彩票公益金绩效管理信息透明度的提高，有助于强化绩效评价结果的应用，提升公益金使用效益和预算管理水平，提高政府公信力。近年来，随着彩票公益金使用信息公告制度和财政预算信息公开制度的逐步贯彻实施，体育彩票公益金使用管理信息公开方面有了一定进展，但是绩效信息的公开力度还有待加强。体育主管部门对体育彩票公益金信息的公开，多以固定格式在年度使用公告中进行梗概内容披露，较少涉及具体项目的资金规模、支出内容、执行情况，更鲜有对公益金项目支出绩效目标、绩效目标完成情况等的披露。绩效信息公开程度不深入、不具体，在一定程度上关闭了社会公众对体彩公益金使用的监督路径，直接拉低了前者对体育彩票公益金使用单位甚至主管部门的信任度。

## 二、文化土壤有待厚培

体育彩票公益金绩效管理工作的开展和闭环系统的运行离不开绩效理念在财政系统与体育系统的深植，即若没有完全形成绩效管理的文化土壤，就难谈体育彩票公益金闭环系统的高效运转。

### （一）绩效理念尚未深入

现阶段，财政系统对绩效的认知已经显著提升，但体育系统在公益金使用管理过程中仍存在"重预算而轻绩效"的问题，对绩效管理于体育彩票公益金运用的重要性还认识不够，没有将绩效理念真正融入体育彩票公益金的实际管理中。例如，部分工作人员对于体育彩票公益金绩效管理的理解还是停留在项目申报和预算执行上，少数人员甚至认为绩效管理增加了其工作量，一直处于消极应付的状态；又如，有些单位和部门在开展绩效管理时，依然沿用传统的财务、会计检查替代绩效评价，未曾真正考虑是否实现了体育彩票公益金效益的最大化。这些都无疑从源头上阻碍了体育彩票公益金绩效管理闭环系统的运行运转。

### （二）中期绩效框架尚未建立

中期绩效框架可以简化理解为在中期预算中融入绩效管理的理念，实现两者的有机结合。中期绩效框架能够从大于年度的时间跨度上探讨预算、规划和绩效的有效结合，一方面，可以自上而下把控财政资金中长期支出的总量，并在此定量范围内自下而上地对财政资金进行优先性分配管理，解决年度预算和中长期规划之间时间跨度不协调的问题；另一方面，能在此基础上实现由投入到产出的转变，重点关注提升财政资源在中长期范围内的配置效率和使用效益，增强绩效评价的稳定性和科学性。从本质而言，预算重点在于控制政府行为成本，而规划制定过程中往往会忽略可支配财力；从时间跨度而言，预算管理和规划发布的时间周期存在不同，都会潜在地拉大公益金预算分配与规划周期内资助项目支出需求之间的差距。这就需要建立中期绩效框架，将体育彩票公益金中期预算与绩效管理相融合，在 3～5 年内进行预算绩效管理，调节预算与规划之间的关系，让预算的编制更好地配合规划的执行，实现在较长时间内对公益金产出效率和效益的科学衡量，获得更加有效的绩效评估结果。现阶段，由于绩效理念还尚未深植在体育彩票公益金预算管理工作中，中期绩效框架自然难以建立。

## 三、基础保障有待提高

体育彩票公益金绩效管理工作的深入推进不仅需要法规制度的指导和文化土壤的滋养，更需要人才、技术等多因素的保障。当前，由于在体育总局和地方层面都存在专业人员少、第三方参与浅、技术支撑弱等问题，极可能影响体育彩票公益金闭环系统的顺畅运转。

### （一）专业人员队伍规模小

体育彩票公益金绩效管理专业性强，是否拥有一支既具备财政预算和绩效管理知识，又熟悉体育彩票业务的人才队伍，关系着其具体工作开展的效率和质量。目前，各地多是由单位财务人员承担体育彩票公益金绩效管理的工作，由于对项目业务了解不深，对绩效管理认知度不够，相关培训又十分不足，故实际工作效果整体欠佳。

### （二）第三方力量较薄弱

将专家学者、中介机构、社会公众等第三方引入体育彩票公益金绩效管理工作中，是开展他评的重要保障。但目前针对体育彩票公益金绩效管理的专业中介机构较少，第三方专家库、中介机构库等建设缓慢，且社会公众的参与一般仅限于绩效评价的满意度方面，而对于前期的绩效目标编制评审、绩效运行监控等环节几乎不涉及，难以为闭环系统运转提供强有力的全方位智力支持。

### （三）技术支撑不给力

体育彩票公益金绩效管理闭环系统的高效运转既需要也会产生大量数据，信息化可谓绩效管理的基础技术保障。从调研来看，现阶段各地的体育彩票公益金绩效管理信息化程度不一，同时省内的纵向一体化系统建设普遍比较薄弱，不少地区尚未建立涵盖体育彩票公益金项目基本数据、绩效目标数据、绩效运行数据、绩效评价数据等信息的基础数据库，建成能够从数据上跟踪追溯体育彩票公益金绩效目标编制批复到绩效评价结果应用整个过程的一体化信息系统的省份更少。缺乏横向到边、纵向到底的充足且及时的信息数据，闭环系统的运转效率无疑会大打折扣。

# 第二节　体育彩票公益金绩效管理闭环系统顺畅运转的对策建议

## 一、系统构建体育彩票公益金绩效管理制度体系

首先，应抓住《体育法》修订契机，继续推动《彩票法》的制定提上日程。其次，从总局层面来看，应尽快参照《彩票公益金管理办法》，结合体育彩票业务特点，出台《体育彩票公益金管理办法》，为体育彩票公益金绩效管理的开展提供权威政策指引。再次，就地方层面而言，应由省级体育主管部门会同财政部门，根据《体育彩票公益金管理办法》《中央集中彩票公益金支持体育事业专项资金管理办法》等规制，结合本省体育事业发展的实际，制定《××省体育彩票公益金支持体育事业专项资金管理办法》。最后，有条件的省份应印发本省体育彩票公益金绩效管理办法及实施细则，对体育彩票公益金的绩效目标管理、绩效运行监控、绩效评价展开、评价结果应用等方面进行系统说明。

与此同时，考虑到此前不少地方特别是市县级单位的体育彩票公益金绩效管理工作的推进并不理想，为确保体育彩票公益金闭环管理系统的顺畅运转，有必要实施激励约束机制，根据绩效评价结果，对体育彩票公益金主管部门和使用单位给予激励支持或批评问责。此外，为了增强政府公信力，提高公益金分配使用的透明度和效益效率，各级体育主管部门在每年的公告中，除对公益金总规模、支出类别和执行进度等进行说明外，还应就具体项目运行情况进行清晰阐述，尤其是需设置专门部分就当年体育彩票公益金资助项目的绩效管理情况进行详细披露，以此倒逼财政部门、体育主管部门、公益金使用单位携手扎实做好绩效管理工作。

## 二、精心营造体育彩票公益金绩效管理文化氛围

### （一）加强体育战线绩效理念和绩效文化的培养

作为全面实施预算绩效管理的重要一环，体育彩票公益金绩效管理工作的开展离不开绩效理念在体育战线内的真正扎根和浓厚绩效文化氛围的最终形成。近几年，随着预算绩效管理的深入推进，体育战线日益认识到实施绩效管理的重要意义。但从整体来看，预算绩效管理意识和文化积淀还无法达到全面实施预算绩效管理的要求。展望未来，在体育主管部门层面，需要掀起新一轮体育彩票公益金预算绩效管理的相关学习活动和业务比拼，通过自主学习、集中学习、竞赛活动等方式，强化绩效理念、提升业务能力，共创体育彩票公益金绩效管理闭环系统顺畅运行的工作环境。在社会公众层面，则要做好对体育彩票公益金预算绩效管理知识、理念、方法、实践的宣传，提高社会公众对于体育彩票公益金预算资金和体育主管部门履职方面的监督意识，在全社会范围内形成对实施体育彩票公益金绩效管理的广泛认同，为闭环系统的运转提供良好的社会氛围。

### （二）探究中期财政规划视野下体育彩票公益金绩效管理环境的优化

如众所知，中期预算能够有效地使政策规划与预算编制和执行结合起来，对财政支出实现跨年度的整体效果衡量，强化预算资金使用过程中的政策目标导向，有利于绩效管理工作的开展。《中华人民共和国国民经济和社会发展第十四个五年规划和二〇三五年远景目标纲要》明确提出强化预算约束和绩效管理的同时，进一步指出要加强中期财政规划管理。一般认为，中期财政规划管理是中期预算的过渡形态，[①] 重点在于根据对总收

---

① 参见《国务院关于实行中期财政规划管理的意见》。

支情况的科学预测，确定相对稳定的财政政策，并根据政策执行环境、状况作出适当调整，以便将中期财政规划逐步转变为中期预算模式。我国目前的中期预算管理尚不成熟，故应对标《"十四五"体育发展规划》要求，先探索编制体育彩票公益金中期滚动规划，对体育彩票公益金未来三年收支情况进行预测分析，研究并依据规划期内重要项目绩效目标，实施中期滚动预算管理。对体育彩票公益金实施中期滚动预算管理，能够使年度预算在中期规划框架下有序执行，考虑到后者是与体育主管部门规划、体育发展规划等相衔接的，自然有助于中期滚动预算下的绩效管理与中期规划的契合，进而可以为体育彩票公益金绩效管理提供稳定的指导，为闭环系统创造良好的运行环境。

## 三、大力完善体育彩票公益金绩效管理保障体系

### （一）做好体育彩票公益金绩效管理人才队伍建设

体育彩票公益金绩效管理的人才队伍建设包括内外两个层面。内部人才队伍主要指财政部门、体育主管部门、体育彩票公益金使用单位中从事项目管理、预决算管理的人员。对内部人员而言，一是要做好自主学习，通过主动研读相关政策条例、经典文献等不断夯实理论知识基础，同时结合日常工作勤于思考、总结，以此提升业务技术能力。二是要做好集中培训，通过定期开展专题业务讲座等形式有针对性补短板、强弱项，同时做好部门间、单位间的横向交流和业务切磋。三是要做好材料汇编，通过一段时间的自主学习和集中培训后，可组织编印体育彩票公益金绩效管理操作指南、绩效目标参考目录、绩效运行监控流程指导、绩效评价指标体系等内部材料，为实际工作开展提供务实指引。外部人才队伍主要指第三方主体，如专家学者、中介机构从业人员等（在开展体育彩票公益金绩效评价时，他评主体还涉及同级人民代表大会，关于强化人大的评价监督详见

下文）。就外部人员而言，一方面要做好专家库的建设，即要通过多种渠道从高等院校、科研院所等遴选专业素质过硬的专家学者，将人才储备做扎实；另一方面要做好机构库的建设，即对社会上专门从事绩效评价的中介机构进行全面摸底，充分把握其专业性、独立性和市场口碑，将其中的优质中介机构及高水平从业人员纳入进来。由此，从内外两个层面做好体育战线绩效管理人才队伍建设，为体育彩票公益金绩效管理的深入推进和闭环系统的顺畅运行提供坚实智力支撑。

**（二）强化各级人大对于体育彩票公益金绩效管理的监督力度**

在我国，全国人民代表大会和地方各级人民代表大会（以下简称人大）是国家权力机关，具有审查和批准各级预算及其执行情况、监督国家行政机关等职权。与此同时，根据新《预算法》，人大对于各级预算安排、执行、调整、决算等情况具有审查、批准和监督等方面的职权，并应关注对于预算绩效管理的审查和监督。由此，作为他评主体之一，强化人大对体育彩票公益金绩效管理的监督力度，不仅是对"建立和完善中国特色社会主义预算审查监督制度""全面实施预算绩效管理"要求的具体落实，还是提高体育彩票公益金使用效益的客观需要。进一步说，与既当"运动员"又作"裁判员"的财政部门和体育主管部门不同，人大在行使对体育彩票公益金预算绩效的审查监督职能时，能够保持相对的独立性，由此会使得绩效评价结果更加客观公正；同时，就其人员组成结构而言，人大显然具有广泛性、多样性和代表性，即能够扩大体育彩票公益金绩效评价的主体范围，为公益金绩效管理奠定了更加广泛和专业的社会基础，有助于提高绩效评价结果的社会公信力。从实际工作来看，要强化人大对于体育彩票公益金绩效管理的监督力度，一方面要督促财政部门根据预决算审批程序及时报送体育彩票公益金项目绩效目标申报书，为人大审查监督留足有效时间，并将审查结果纳入体育彩票公益金预算安排的决定因素中；另一方面，要做好对体育彩票公益金的绩效运行日常监控，并按照全覆盖和有重点的审查监督原则，对事关体育事业发展、体育强国建设等方面的关键项目，通过听取意见、专题调研、实地调查等方法进行重点督查。

### （三）完善体育彩票公益金绩效管理综合信息系统

进入数字时代，体育彩票公益金绩效管理工作的高效开展较以往任何时期都需要功能强大的综合信息系统的支撑。为此，一方面，要尽快推进地方体育彩票公益金绩效管理一体化系统建设，打通省市县三级管理，实现纵向到底；同时，应加快建立具有能够实时收集绩效目标、绩效运行监控、绩效评价等过程中产生的数据信息功能的体育彩票公益金绩效管理基础数据库，以使工作人员能够及时全面了解并分析每个环节的绩效情况和相应管理责任信息，据此作出相应的决策反馈和责任追溯，实现横向到边。另一方面，则应前瞻布局并系统建设体育彩票公益金绩效管理信息公开查询平台，在现阶段每年以公告形式对公益金使用情况进行披露的基础上，在不违背财务规则和保密规定的前提下，按先重点项目后一般项目的原则，向社会公众开通体育彩票公益金资助项目全流程资料的快速查询功能，并选择代表性项目对其绩效目标、绩效目标完成情况等信息进行公开，由此将体育彩票公益金绩效管理推入全新发展阶段，助力闭环系统顺畅运行。

# 附录 A　中央集中彩票公益金支持体育事业专项资金管理办法

关于印发《中央集中彩票公益金支持体育事业
专项资金管理办法》的通知

各省、自治区、直辖市、计划单列市财政厅（局）、体育局，新疆生产建设兵团财政局、体育局：

为规范和加强中央集中彩票公益金支持体育事业专项资金管理，提高资金使用效益，根据有关规定，我们制定了《中央集中彩票公益金支持体育事业专项资金管理办法》，现印发你们，请遵照执行。

附件：中央集中彩票公益金支持体育事业专项资金管理办法

财政部　体育总局
2020 年 6 月 10 日

中央集中彩票公益金支持体育事业专项资金管理办法

**第一条**　为规范和加强中央集中彩票公益金支持体育事业专项资金管理，提高资金使用效益，根据《中华人民共和国预算法》《彩票管理条例》《彩票管理条例实施细则》《彩票公益金管理办法》等法律法规和财政管理有关规定，结合体育事业发展的实际，制定本办法。

第二条　本办法所称中央集中彩票公益金支持体育事业专项资金（以下简称专项资金），是指中央财政从中央集中彩票公益金中安排用于体育事业的资金。

第三条　专项资金纳入政府性基金预算管理，由财政、体育行政部门按职责共同管理。财政部门负责审核体育行政部门报送的预算编制建议、批复预算，会同体育行政部门分配下达资金、对资金使用情况进行监督和绩效管理等。体育行政部门负责按资金使用范围提出预算编制建议、组织预算执行、实施项目管理和绩效管理等。

第四条　专项资金的管理和使用应当严格执行国家法律法规和财务规章制度，并接受财政、审计、体育行政等部门的监督管理。

第五条　专项资金主要用于落实全民健身国家战略，提升竞技体育综合实力，丰富体育供给，推动群众体育和竞技体育协调发展，加快推进体育强国建设，专项资金支出包括以下内容：

（一）援建公共体育场地和设施；

（二）资助群众体育组织和队伍建设；

（三）资助或组织开展全民健身活动；

（四）组织开展全民健身科学研究与宣传；

（五）资助体育后备人才培养；

（六）资助举办全国综合性运动会；

（七）改善国家队训练比赛场地设施条件；

（八）支持国家队备战和参加国际综合性运动会；

（九）经财政部和体育总局批准的其他体育事业支出。

第六条　专项资金不得用于以下方面的支出：

（一）公务接待；

（二）公务用车购置及运行；

（三）各级体育行政部门行政支出；

（四）对外投资和其他经营性活动。

**第七条** 专项资金预算分为中央本级支出预算和中央对地方转移支付预算两部分。中央本级支出预算，纳入体育总局部门预算管理，执行财政部部门预算管理制度；中央对地方转移支付预算，执行中央对地方专项转移支付管理有关规定。

**第八条** 中央对地方转移支付预算遵循"中央引导、突出重点、省级统筹、注重绩效"的管理原则，分为一般补助资金和重点项目资金两部分。

**第九条** 一般补助资金实行因素法分配，分配因素包括基本因素、业务因素、绩效因素。

基本因素（权重15%）包括人口数（权重10%）、国土面积/体育场地面积（权重5%）。

业务因素（权重70%）包括赛事活动任务量（权重20%）、后备人才培养任务量（权重20%）、奥运备战相关任务量（权重20%）、改善场地设施任务量（权重10%）。

绩效因素（权重15%）为绩效评价结果，主要由体育总局会同财政部依据各省份工作任务完成情况及相关标准，组织评价获得数据；财政部单独开展重点绩效评价的，相关省份以财政部的评价结果为准。

**第十条** 一般补助资金分配计算公式为：

某省份分配资金 ＝（某省份基本因素得分／$\sum$ 有关省份基本因素得分×15% ＋某省份业务因素得分／$\sum$ 有关省份业务因素得分×70% ＋某省份绩效因素得分／$\sum$ 有关省份绩效因素得分×15%）×一般补助资金预算总额

其中：某省份基本因素得分 ＝某省份人口数／$\sum$ 有关省份人口数×10% ＋（某省份国土面积/体育场地面积）／$\sum$（有关省份国土面积/体育场地面积）×5%

某省份业务因素得分 = 某省份赛事活动任务量 / $\sum$ 有关省份赛事活动任务量 ×20% + 某省份后备人才培养任务量 / $\sum$ 有关省份后备人才培养任务量 ×20% + 某省份奥运备战相关任务量 / $\sum$ 有关省份奥运备战相关任务量 ×20% + 某省份改善场地设施任务量 / $\sum$ 有关省份改善场地设施任务量 ×10%

某省份绩效因素得分 = 某省份绩效评价结果 / $\sum$ 有关省份绩效评价结果 ×15%

**第十一条** 重点项目资金实行项目法分配，主要支持体育事业整体布局任务和核心工作相关的重大奥运场地设施、全国性重大赛事和群众体育活动。重点项目通过竞争性评审等方式确定，原则上每年不超过 15 个。

**第十二条** 体育行政部门应当建立项目库，并实施项目库动态管理。重点项目资金安排的项目原则上应为已评审并纳入项目库的项目。

**第十三条** 财政部会同体育总局按照规定组织中央对地方转移支付资金申报、审核和分配工作。

省级财政部门会同体育行政部门向财政部和体育总局申报重点项目资金。

体育总局会同财政部确定资金分配原则，根据年度体育事业重点工作和任务开展项目审核和因素测算工作，按程序提出分配建议方案，报财政部审核下达。

财政部于每年 10 月 31 日前按一定比例将下一年度转移支付预计数提前下达省级财政部门，并在全国人民代表大会批准预算后 90 日内下达省级财政部门。省级财政部门在收到中央财政转移支付预算后，应在 30 日内将预算分解下达到本行政区域县级以上各级财政部门，同时将资金分配结果报财政部备案并抄送体育总局和财政部当地监管局。

**第十四条** 各有关部门（单位）应当按照中央对地方转移支付绩效管

理有关规定，分工协作，做好转移支付绩效管理工作。

省级财政部门会同体育行政部门汇总审核本省区域绩效目标和项目绩效目标，报送体育总局并抄送财政部当地监管局。体育总局对地方报送的绩效目标提出审核意见，随资金分配建议方案一并报送财政部。财政部向省级财政部门下达转移支付预算时，同步下达区域绩效目标和项目绩效目标。

省级财政部门和体育行政部门每年 3 月底前将上一年度转移支付资金绩效自评表和绩效自评报告，报送财政部和体育总局，同时抄送财政部当地监管局。

**第十五条** 各级财政部门应会同体育行政部门，按照预算管理和国库管理有关规定，加强专项资金使用管理，规范预算执行。专项资金预算一经批准，应当严格执行，不得截留、挤占、挪用或擅自调整。

专项资金结转结余资金按照有关规定执行。

专项资金的支付按照国库集中支付制度有关规定执行。涉及政府采购的，按照政府采购法律法规和有关制度规定执行。

**第十六条** 专项资金资助的设施、设备或者社会公益活动，应当以显著方式标明"彩票公益金资助——中国体育彩票"。

体育总局应当于每年 6 月底前，向社会公告上一年度专项资金的使用规模、资助项目、执行情况和实际效果等。

**第十七条** 各级财政部门和体育行政部门应当加强对专项资金使用的绩效管理，建立健全专项资金监督管理机制。

**第十八条** 各级财政部门和体育行政部门及其工作人员在专项资金审核、分配过程中，存在违反规定分配资金、向不符合条件的单位（或项目）分配资金、擅自超出规定的范围或标准分配资金等，以及存在其他滥用职权、玩忽职守、徇私舞弊等违法违纪行为的，按照《中华人民共和国预算法》《中华人民共和国公务员法》《中华人民共和国监察法》《财政违法行为处罚处分条例》等国家有关规定追究相应责任。涉嫌犯罪的，移送司法机关处理。

资金使用单位和个人在专项资金申报、使用过程中存在虚报、冒领等违法违规行为的，依照《中华人民共和国预算法》《财政违法行为处罚处分条例》等国家有关规定追究相应责任。

第十九条　省级财政部门和体育行政部门可以参照本办法的规定，结合当地实际制定本地区管理办法。

第二十条　本办法自印发之日起施行。原《中央集中彩票公益金支持体育事业专项资金管理办法》（财教〔2013〕481号）同时废止。

# 附录 B　彩票公益金管理办法

财政部关于印发《彩票公益金管理办法》的通知

党中央有关部门，国务院有关部委、直属机构，有关人民团体，各省、自治区、直辖市、计划单列市财政厅（局），新疆生产建设兵团财政局，财政部各地监管局：

为进一步加强彩票公益金管理，提高资金使用效益，根据财政预算管理规定和彩票管理制度要求，结合中央和地方管理实际，财政部对《彩票公益金管理办法》（财综〔2012〕15 号）进行了修订。现将《彩票公益金管理办法》予以印发，请遵照执行。

附件：彩票公益金管理办法

财政部
2021 年 5 月 20 日

彩票公益金管理办法

## 第一章　总　则

**第一条**　为了规范和加强彩票公益金筹集、分配和使用管理，健全彩票公益金监督机制，提高资金使用效益，根据《中华人民共和国预算法》《中华人民共和国预算法实施条例》《彩票管理条例》《彩票管理条例实施细则》等有关规定，制定本办法。

第二条 彩票公益金是按照规定比例从彩票发行销售收入中提取的，专项用于社会福利、体育等社会公益事业的资金。

逾期未兑奖的奖金纳入彩票公益金。

第三条 彩票公益金纳入政府性基金预算管理，结余结转按有关规定执行。

## 第二章 收缴管理

第四条 彩票公益金由各省、自治区、直辖市彩票销售机构（以下简称彩票销售机构）根据国务院批准的彩票公益金分配政策和财政部批准的提取比例，按照每月彩票销售额据实结算后分别上缴中央财政和省级财政。

逾期未兑奖的奖金由彩票销售机构上缴省级财政，全部留归地方使用。

第五条 上缴中央财政的彩票公益金，由财政部各地监管局负责执收。具体程序为：

（一）彩票销售机构于每月 10 日前向财政部当地监管局报送《上缴中央财政的彩票公益金申报表》（见附件 1）及相关材料，申报上月彩票销售金额和应上缴中央财政的彩票公益金金额；

（二）财政部各地监管局完成彩票销售机构申报资料的审核工作并核定缴款金额后，按照收入收缴相关规定，向彩票销售机构开具《非税收入一般缴款书》；

（三）彩票销售机构于每月 15 日前，按照《非税收入一般缴款书》载明的缴款金额上缴中央财政。

第六条 财政部各地监管局应当于每季度终了后 20 日内、年度终了后 30 日内，向财政部报送《上缴中央财政的彩票公益金统计报表》（见附件 2），相关重大问题应随时报告。

第七条　上缴省级财政的彩票公益金，由各省、自治区、直辖市人民政府财政部门（以下简称省级财政部门）负责执收，具体收缴程序按照省级财政部门的有关规定执行。

省级财政部门应当于年度终了后 30 日内，向财政部报送《上缴地方财政的彩票公益金统计报表》（见附件 3）。

第八条　财政部各地监管局和省级财政部门应当于年度终了后 30 日内，完成对上一年度应缴中央财政和省级财政彩票公益金的清算及收缴工作。

## 第三章　分配和使用

第九条　彩票公益金的管理、分配和使用，应当充分体现公益属性，突出支持重点，并向欠发达地区和社会弱势群体等倾斜。坚持科学规范、厉行节约，依法依规安排预算。坚持公开透明、强化监管，主动接受人大、审计、财政和社会监督。坚持统筹谋划、讲求绩效，发挥资金使用效益。

第十条　彩票公益金不得用于以下方面的支出：

（一）已有财政拨款保障的各类工资福利、奖金等人员支出；

（二）与实施彩票公益金项目无直接关系的人员支出、日常运转支出及其他支出；

（三）公务接待、公务用车购置及运行等支出；

（四）以营利为目的的相关支出；

（五）建设楼堂馆所及职工住宅；

（六）其他国家规定禁止列支的支出。

第十一条　加强彩票公益金与一般公共预算的统筹衔接。彩票公益金与一般公共预算都安排支出的项目，要制定统一的资金管理办法，实行统一的资金分配方式。

第十二条　为促进社会公益事业发展，保证彩票公益金项目顺利开展，彩票公益金使用单位为基金会的，可据实列支管理费，即基金会为组织和实施彩票公益金项目活动所发生的管理性质的支出，使用情况应向社会公告。

管理费列支实施分档管理，随着项目支出规模的扩大，列支比例应适当降低；最高列支比例不得超过本单位当年彩票公益金项目支出的2.5%。本办法实施前列支比例高于2.5%的单位，按规定调减比例；低于2.5%的单位，确需调增比例的，按规定程序报批。相关资金使用管理办法应对报批程序、支出范围等作出具体规定。

**第十三条** 上缴中央财政的彩票公益金，用于社会福利事业、体育事业、补充全国社会保障基金和国务院批准的其他专项公益事业，财政部应会同民政部、国家体育总局等有关部门、单位制定资金使用管理办法。

**第十四条** 中央财政安排用于社会福利事业和体育事业的彩票公益金，按照以下程序执行：

（一）财政部根据国务院批准的彩票公益金分配政策每年核定用于社会福利事业和体育事业的彩票公益金预算支出指标，分别列入中央本级支出以及中央对地方转移支付预算；

（二）列入中央本级支出的彩票公益金，由民政部和国家体育总局以项目库为基础提出项目支出预算安排建议，按规定报财政部审核。民政部和国家体育总局根据财政部批复的预算，组织实施和管理；

（三）列入中央对地方转移支付预算的彩票公益金，由财政部分别会同民政部和国家体育总局确定资金分配原则，民政部、国家体育总局按职责提出有关资金的分地区建议数，报财政部审核后下达。

**第十五条** 中央财政安排用于补充全国社会保障基金的彩票公益金，由财政部根据国务院批准的彩票公益金分配政策每年核定预算支出指标，并按照有关规定拨付全国社会保障基金理事会。

**第十六条** 中央财政安排用于其他专项公益事业的彩票公益金，按照以下程序执行：

（一）申请使用彩票公益金的部门、单位，应当将相关项目纳入项目库并按程序向财政部提交项目申报材料，财政部审核后报国务院审批；

（二）经国务院批准后，财政部分别列入中央本级支出和中央对地方转移支付预算，并在部门预算中批复或下达地方；

（三）申请使用彩票公益金的部门、单位，根据财政部批复的项目支出预算，按资金使用管理办法组织实施和管理。项目资金支出预算因特殊原因需要进行调整的，应当报财政部审核批准；

（四）中央财政安排用于其他专项公益事业的彩票公益金支持项目因政策到期、政策调整、客观条件发生变化等已无必要继续实施的，按规定程序予以取消。

第十七条　上缴省级财政的彩票公益金，按照国务院批准的彩票公益金分配政策，由省级财政部门商民政、体育行政等有关部门研究确定分配原则。

第十八条　省级以上（含省级，下同）民政、体育行政等有关部门、单位，申请使用彩票公益金时，应当向同级财政部门提交项目申报材料。项目申报材料应当包括以下内容：

（一）项目申报书；

（二）项目可行性研究报告；

（三）项目实施方案；

（四）项目绩效目标；

（五）同级财政部门要求报送的其他材料。

第十九条　加强彩票公益金项目管理，完善项目库建设，建立健全项目入库评审机制和项目滚动管理机制。

第二十条　彩票公益金按照中央本级支出和转移支付支出分别编列预算，执行中未经规定程序不得相互调整。项目支出预算批准后，应当严格执行，不得擅自调整。

第二十一条　彩票公益金资金支付按照财政国库集中支付制度有关规定执行。

第二十二条　省级以上民政、体育行政等彩票公益金使用部门、单位，应当于每年3月底前向同级财政部门报送上一年度彩票公益金使用情况。具体包括：

（一）项目组织实施情况；

（二）项目资金使用和结余情况；

（三）项目社会效益和经济效益；

（四）同级财政部门要求报送的其他材料。

第二十三条　加强彩票公益金全过程绩效管理，建立彩票公益金绩效评价常态化机制。省级以上财政部门以及民政、体育行政等彩票公益金使用部门、单位应建立和完善彩票公益金支出绩效自评及评价制度，提高彩票公益金资源配置效率和使用效益。

第二十四条　强化彩票公益金绩效评价结果应用，将评价结果作为安排彩票公益金预算、完善政策和改进管理的重要依据。对评价结果较差的项目，限期整改，并视情予以调减项目预算直至取消。

## 第四章　宣传公告

第二十五条　彩票公益金资助的基本建设设施、设备或者社会公益活动等，应当以显著方式标明"彩票公益金资助—中国福利彩票和中国体育彩票"标识。

第二十六条　省级财政部门应当于每年4月底前，向省级人民政府和财政部提交上一年度本行政区域内彩票公益金的筹集、分配和使用情况报告；每年6月底前，向社会公告上一年度本行政区域内彩票公益金的筹集、分配和使用情况。

财政部应当于每年8月底前，向社会公告上一年度全国彩票公益金的筹集、分配和使用情况。

**第二十七条** 省级以上民政、体育行政等彩票公益金使用部门、单位，应当于每年 6 月底前，向社会公告上一年度本部门、单位彩票公益金的使用规模、资助项目、执行情况和实际效果等。具体包括：

（一）彩票公益金项目总体资金规模、支出内容、执行情况等；

（二）彩票公益金具体项目的资金规模、支出内容、执行情况等；

（三）彩票公益金项目支出绩效目标及绩效目标完成情况等；

（四）其他相关内容。

## 第五章　监督检查

**第二十八条** 彩票销售机构应当严格按照本办法的规定缴纳彩票公益金，不得拒缴、拖欠、截留、挤占、挪用彩票公益金。

**第二十九条** 彩票公益金的使用部门、单位，应当按照同级财政部门批准的项目支出预算执行，不得挤占、挪用、虚列、虚报冒领、套取彩票公益金，不得改变彩票公益金使用范围。

**第三十条** 各级财政部门应当加强对彩票公益金筹集、分配、使用等的监督管理，确保彩票公益金及时、足额上缴财政和按规定用途使用。

**第三十一条** 违反本办法规定，拒缴、拖欠、截留、挤占、挪用、虚列、虚报冒领、套取彩票公益金，改变彩票公益金使用范围的，不按规定向社会公告的，以及有其他滥用职权、玩忽职守、徇私舞弊等违纪违法行为的，依法责令改正，并视情调减项目预算支出直至取消。对负有责任的领导人员和直接责任人员依法给予处分；涉嫌犯罪的，依法移送有关机关处理。

## 第六章　附　则

**第三十二条** 省级财政部门应当根据本办法规定，结合本地实际，制定本行政区域的彩票公益金使用管理办法，报财政部备案。

**第三十三条** 本办法自发布之日起施行。《财政部关于印发〈彩票公益金管理办法〉的通知》（财综〔2012〕15 号）同时废止。

# 参 考 文 献

［1］艾郁. 我国体育彩票资金的构成变化及对策分析［J］. 体育文化导刊, 2013 (9): 75 - 77, 81.

［2］白皓, 易苏欣怡. 构建政府绩效管理体系实践路径分析［J］. 中国行政管理, 2017 (11): 157 - 159.

［3］白宇飞, 臧文煜. 支持体育产业高质量发展的财政金融政策工具: 功能与应用［J］. 北京体育大学学报, 2019, 42 (9): 19 - 28, 72.

［4］包国宪, 王学军. 以公共价值为基础的政府绩效治理——源起、架构与研究问题［J］. 公共管理学报, 2012, 9 (2): 89 - 97, 126 - 127.

［5］边文龙, 沈艳, 沈明高. 银行业竞争度、政策激励与中小企业贷款——来自14省90县金融机构的证据［J］. 金融研究, 2017 (1): 114 - 129.

［6］蔡朋龙. 地方政府对国家体育产业政策再制定的协同力评价研究——基于11个省、自治区、直辖市的实证分析［J］. 天津体育学院学报, 2020 (1): 70 - 79.

［7］曹庆荣, 李紫浩. 体育彩票公益金配置与使用的法学探讨［J］. 体育科技文献通报, 2017, 25 (12): 157 - 160.

［8］曹堂哲. 国家治理新形态: 全面实施绩效管理［N］. 中国社会科学报, 2017 - 11 - 28 (006).

［9］常丽. 公共绩效管理框架下的政府财务绩效报告体系构建研究［J］. 会计研究, 2013 (8): 10 - 16, 96.

［10］陈放．金融创新推动下体育产业众筹融资模式研究［J］．探索，2017（3）：184－191．

［11］陈洪平．体育产业财税支持政策的财政法思考［J］．武汉体育学院学报，2013，47（3）：31－35．

［12］陈建军．论我国沿海发达地区的产业结构调整及其目标特征［J］．经济地理，2002（6）：661－664．

［13］陈林会．我国体育产业高质量发展的结构升级与政策保障研究［J］．成都体育学院学报，2019，45（4）：8－14，127．

［14］陈晓峰．国家治理视域下体育产业政策的基本属性与内容维度［J］．上海体育学院学报，2018，42（3）：23－28．

［15］陈晓峰．我国体育产业政策环境分析——基于国家治理的视阈［J］．中国体育科技，2018，54（2）：3－14，50．

［16］陈晓峰．我国现今体育产业政策分析：存在问题与发展趋势［J］．北京体育大学学报，2017，40（5）：7－15．

［17］陈彦林．论体育彩票的持续发展及社会意义［J］．南京体育学院学报（社会科学版），2003（6）：32－34．

［18］陈志凌，孙娟，李冬梅．美国体育保险特征透视及优化我国体育保险体系的路径［J］．成都体育学院学报，2012，38（5）：16－20．

［19］董碧娟．各地政府强化预算绩效目标管理［N］．经济日报，2020－11－22（005）．

［20］樊永明，杜莉．公共经济学［M］．上海：复旦大学出版社，2003．

［21］范柏乃，金洁．公共服务供给对公共服务感知绩效的影响机理——政府形象的中介作用与公众参与的调节效应［J］．管理世界，2016（10）：50－61，187－188．

［22］范柏乃．政府绩效评估与管理［M］．上海：复旦大学出版社，2007．

[23] 范从来，袁静．成长性、成熟性和衰退性产业上市公司并购绩效的实证分析 [J]．中国工业经济，2002 (8)：65 - 72．

[24] 方春妮，陈颀．中国城镇化发展水平与居民体育彩票消费需求关系的实证研究 [J]．西安体育学院学报，2019，36 (5)：562 - 569．

[25] 费钟琳，魏巍．扶持战略性新兴产业的政府政策——基于产业生命周期的考量 [J]．科技进步与对策，2013，30 (3)：104 - 107．

[26] 冯百鸣．彩票消费与宏观经济相关性的实证研究 [J]．经济经纬，2010 (4)：25 - 29．

[27] 冯国有，贾尚晖．中国财政政策支持体育产业发展的承诺、行动、效应 [J]．体育科学，2018，38 (9)：37 - 46．

[28] 伏润民，常斌，缪小林．我国省对县（市）一般性转移支付的绩效评价——基于 DEA 二次相对效益模型的研究 [J]．经济研究，2008，43 (11)：62 - 73．

[29] 傅军．政府绩效评估的推进思路——基于六省市政府绩效评估的经验 [J]．理论探索，2013 (3)：87 - 90．

[30] 高培勇．公共经济学 [M]．北京：中国人民大学出版社，2012．

[31] 高小平，盛明科，刘杰．中国绩效管理的实践与理论 [J]．中国社会科学，2011 (6)：4 - 14，221．

[32] 关晶，王国军．体育保险的国际进展与我国体育保险的发展路径 [J]．西安体育学院学报，2018，35 (1)：1 - 9．

[33] 黄永正，王桂忠．法国、英国彩票运营模式研究及对我国体育彩票的启示 [J]．商业经济，2019 (11)：47 - 51．

[34] 黄智文．产业政策之争的税收视角——兼论芯片企业税收优惠政策着力点 [J]．税务研究，2019 (1)：107 - 113．

[35] 贾明学，王锡群．我国体育彩票公益金的使用模式 [J]．体育学刊，2005 (5)：12 - 14．

［36］贾清皓，陈金盈．两岸体育彩票公益金使用情况研究［J］．体育文化导刊，2014（4）：103－105，109.

［37］姜付秀，刘志彪．行业特征、资本结构与产品市场竞争［J］．管理世界，2005（10）：74－81.

［38］姜世波，王睿康．论我国体育产业政策的法律化——以国务院"46号文"为例［J］．武汉体育学院学报，2019，53（10）：41－47.

［39］姜同仁．新常态下中国体育产业政策调整研究［J］．体育科学，2016，36（4）：33－41.

［40］蒋园园，杨秀云．我国文化创意产业政策与产业生命周期演化的匹配性研究——基于内容分析的方法［J］．当代经济科学，2018，40（1）：94－105，127.

［41］金香爱，李岩峰．政府产业投资基金法律规制路径探析［J］．征信，2019，37（5）：80－84.

［42］李毳，欧阳昌民．我国体育彩票公益金运用问题研究［J］．金融理论与实践，2006（8）：44－46.

［43］李刚，邓晓，张震，王晓华．中国竞猜型体育彩票公益金分配模式的改进策略［J］．上海体育学院学报，2020，44（9）：74－86.

［44］李刚．对当前我国体育彩票业社会福利效应的评价［J］．体育科学，2008（10）：32－40.

［45］李刚．我国港澳台地区的体育赛事彩票管理与营销概况及问题［J］．首都体育学院学报，2018，30（6）：481－488.

［46］李海，吴殷，李安民，陈敬．我国体育彩票问题彩民现状调查——以上海、广州、郑州、沈阳、成都为例［J］．成都体育学院学报，2011，37（5）：9－13.

［47］李浩．绩效管理［M］．北京：机械工业出版社，2017.

［48］李建发，张曾莲．基于财务视角的政府绩效报告的构建［J］．会计研究，2009（6）：11－17，96.

[49] 李凯，代丽华，韩爽．产业生命周期与中国钢铁产业极值点 [J]．产业经济研究，2005 (4)：38 - 43.

[50] 李丽，杨小龙，兰自力，曹秀玲．我国群众体育公共财政投入研究 [J]．首都体育学院学报，2015，27 (3)：196 - 201.

[51] 李庆臻．科学技术方法大辞典 [M]．北京：科学出版社，1999.

[52] 李文彬，黄怡茵．基于逻辑模型的财政专项资金绩效评价的理论审视——以广东省人大委托第三方评价为例 [J]．公共管理学报，2016，13 (3)：111 - 121，158 - 159.

[53] 李新．基于绩效管理的公共部门绩效审计研究 [J]．管理世界，2010 (9)：167 - 168.

[54] 李银香．推进体育彩票公益金绩效审计的探讨 [J]．财政监督，2016 (20)：68 - 70.

[55] 李燕．加快建成全方位、全过程、全覆盖的预算绩效管理体系——财政部有关负责人就贯彻落实《中共中央　国务院关于全面实施预算绩效管理的意见》答记者问 [J]．中国财政，2018 (20)：32 - 34.

[56] 梁樑，罗彪，王志强．基于战略的全绩效管理实施模型 [J]．科研管理，2003 (5)：14 - 20.

[57] 廖建桥．中国式绩效管理：特点、问题及发展方向 [J]．管理学报，2013，10 (6)：781 - 788.

[58] 林建君，李文静．我国体育产业政策效应的评价研究 [J]．体育科学，2013，33 (2)：22 - 29.

[59] 刘春华，李克敏．基于混合多目标决策的我国体育产业政策评价 [J]．北京体育大学学报，2018，41 (7)：1 - 8.

[60] 刘辉．完善我国体育产业信贷支持体系的经济法逻辑——法理分析与路径选择 [J]．武汉体育学院学报，2016，50 (4)：56 - 60.

[61] 刘圣文．我国竞猜型体育彩票销量影响因素研究 [J]．首都体

育学院学报，2018，30（6）：489 – 494，501.

[62] 刘辛丹，于翠婷，吕兴洋. 体育彩票公益金如何影响社区居民健康——基于体育基础设施传导视角 [J]. 财经科学，2017（7）：90 – 101.

[63] 刘旭涛，许铭桂. 论绩效型政府及其构建思路 [J]. 中国行政管理，2004（3）：76 – 78，75.

[64] 娄胜华. 澳门的博彩与慈善 [J]. 社会福利，2014（7）：37 – 38.

[65] 卢真. 我国预算绩效评价的问题分析——以上海市为例 [J]. 经济研究参考，2016（31）：86 – 92.

[66] 罗枭，蔡迎旗. 美国教育彩票及其对我国学前教育筹资的启示 [J]. 学前教育研究，2014（3）：3 – 7.

[67] 马恩涛，李鑫. PPP政府或有债务风险管理：国际经验与借鉴 [J]. 财政研究，2018（5）：35 – 45.

[68] 马磊. 体育彩票公益金的绩效审计盲区与应对策略 [J]. 市场研究，2014（12）：58 – 59.

[69] 闵志刚，赵华. 体彩公益金绩效审计框架构建 [J]. 审计月刊，2014（4）：14 – 16.

[70] [美] 诺伯特·维纳. 控制论——或动物与机器的控制和通信的科学 [M]. 王文浩，译. 北京：商务印书馆，2020.

[71] 欧洲彩票简介 [EB/OL]. （2011 – 11 – 30）[2022 – 05 – 16]. https：//news. sohu. com/20111130/n327422421. shtml.

[72] 彭剑锋，荆小娟. 员工素质模型设计 [M]. 北京：中国人民大学出版社，2003.

[73] 蒲俊利. 我国彩票公益金使用法律制度研究 [J]. 西南农业大学学报（社会科学版），2013，11（11）：34 – 38.

[74] 芮明杰. 产业经济学 [M]. 上海：上海财经大学出版社，

2005.

[75] 尚虎平. 合理配置政治监督评估与"内控评估"的持续探索——中国40年政府绩效评估体制改革的反思与进路 [J]. 管理世界, 2018, 34 (10): 105 – 117.

[76] 邵继萍, 云锋, 邵传林. 金融助推我国体育产业发展的现状、困境与政策选择 [J]. 武汉体育学院学报, 2018, 52 (12): 31 – 37, 46.

[77] 邵祥东. 清代闱姓彩票承充制度诞生原因和条件 [N]. 中国社会报, 2014 – 11 – 17 (06).

[78] 邵玉红. 体育彩票公益金绩效评价管理优化探讨 [J]. 行政事业资产与财务, 2014 (30): 181 – 182.

[79] 世界各国彩票的起源与发展 [EB/OL]. (2019 – 10 – 06) [2022 – 05 – 16]. https://www.sohu.com/a/345238879_719790.

[80] 宋凤轩, 孙颖鹿. 我国绩效预算管理制度运行的路径选择 [J]. 经济研究参考, 2016 (40): 4 – 9.

[81] 宋胜洲. 论产业的自然兴衰与相对兴衰 [J]. 产业经济研究, 2005 (5): 70 – 75.

[82] 宋一, 周凯. 中国古代绩效评估思想及启示 [J]. 东疆学刊, 2009, 26 (1): 79 – 82.

[83] 苏育楷, 冯邦彦, 胡娟红. 澳门博彩税与财政储备制度 [J]. 国际税收, 2014 (3): 46 – 48.

[84] 孙晓华, 周旭. 产业演进阶段的识别方法——以中国电子及通讯设备制造业为例 [J]. 中国科技论坛, 2012 (8): 82 – 87.

[85] 唐立君. 英国大彩票基金分配方式镜鉴 [J]. 社会福利, 2014 (4): 21.

[86] 唐宇飚. 提升中国体育彩票公益性社会认知的对策研究 [D]. 长沙: 湖南师范大学, 2011.

[87] 体育总局: 将落实审计意见保障体育彩票健康发展 [EB/OL].

（2015 - 06 - 25）［2022 - 05 - 16］. http：//www. gov. cn//xinwen/2015 - 06/25/content_2884335. htm.

［88］汪建华. 预算绩效评价指标体系构建［J］. 高教发展与评估，2010，26（6）：104 - 110，122.

［89］汪雄，邓星华，聂锐新，等. 供给侧改革视野下我国体育产业银行设置的初步探讨［J］. 山东体育学院学报，2019，35（1）：17 - 22.

［90］王斌，史文文，刘炼，等. 体育彩民购彩成瘾的影响因素及作用机制［J］. 中国体育科技，2013，49（6）：130 - 136.

［91］王长斌. 美国构建彩票公信力的措施及其借鉴［J］. 政法论丛，2014（4）：82 - 88.

［92］王国军，蔡凌飞. 体育保险的国际比较及其对中国的启示［J］. 中国体育科技，2012，48（1）：131 - 135，140.

［93］王家宏，蔡朋龙，刘广飞. 我国体育产业政策实施执行的分析研究［J］. 武汉体育学院学报，2019，53（9）：5 - 14.

［94］王建民. 中国地方政府机构绩效考评目标模式研究［J］. 管理世界，2005（10）：67 - 73.

［95］王俊豪. 产业经济学［M］. 北京：高等教育出版社，2016.

［96］王莉莉. 中国政府预算绩效管理制度优化与国际经验借鉴研究［D］. 保定：河北大学，2019.

［97］王淑红，龙立荣. 绩效管理综述［J］. 中外管理导报，2002（9）：40 - 44.

［98］王雪莉，付群，郑成雯. 2010—2019 年中国体育消费政策落实：问题与对策［J］. 体育科学，2019，39（10）：40 - 55，82.

［99］王永波，张洪庆. 我国体育彩票公益金的分配使用方式的认识和思考［J］. 科技信息，2009（4）：289.

［100］王泽彩. 预算绩效管理：新时代全面实施绩效管理的实现路径［J］. 中国行政管理，2018（4）：6 - 12.

［101］ 王占坤，陈国瑞．浙江省体彩市场发展和公益金运用问题研究 ［J］．体育科学研究，2014，18（4）：25－32.

［102］ 吴建南，杨宇谦，阎波．政府绩效评价：指标设计与模式构建 ［J］．西安交通大学学报（社会科学版），2007（5）：79－85.

［103］ 伍红，郑家兴，王乔．固定资产加速折旧、厂商特征与企业创新投入——基于高端制造业 A 股上市公司的实证研究 ［J］．税务研究，2019（11）：34－40.

［104］ 西班牙国家彩票 2022 年税后收入将增 2 亿欧元 ［EB/OL］.（2021－11－12）［2022－05－16］．https：//baijiahao. baidu. com/s？ id = 1716172914722867099&wfr = spider&for = pc.

［105］ 夏津津，夏先德．新时代推动全面实施绩效管理基本构想 ［J］．财政研究，2018（4）：119－123.

［106］ 萧浩辉．决策科学辞典 ［M］．北京：人民出版社，1995.

［107］ 邢尊明．我国地方政府体育产业政策行为研究——基于政策扩散理论的省（级）际政策实践调查与实证分析 ［J］．体育科学，2016，36（1）：27－37.

［108］ 徐红琳．绩效管理的理论研究 ［J］．西南民族大学学报（人文社科版），2005（2）：158－160.

［109］ 徐再荣．美国彩票业的发展及其对公益事业的作用 ［J］．史学集刊，2014（6）：71－76.

［110］ 徐中奇，顾卫俊．绩效管理的内涵、意义与方法 ［J］．中国人力资源开发，2004（5）：59－61.

［111］ 许熠哲，朱海云．体育彩票销售量影响因素的实证研究——基于省级面板数据的实证检验 ［J］．学习与实践，2020（10）：63－69.

［112］ 杨克．美国彩票公益金的运行机制与公共属性：对中国的启示 ［J］．社会福利（理论版），2015（8）：7－11，6.

［113］ 杨蓉．人力资源管理 ［M］．大连：东北财经大学出版社，2002.

[114] 杨修平. 绩效管理流程中的实践策略及应用技术 [J]. 改革与战略, 2015, 31 (4): 74-77, 162.

[115] 姚洋, 张牧扬. 官员绩效与晋升锦标赛——来自城市数据的证据 [J]. 经济研究, 2013, 48 (1): 137-150.

[116] 叶金育. 体育产业发展中的财税政策工具: 选择、组合与应用 [J]. 体育科学, 2016, 36 (6): 73-83.

[117] 叶金育. 体育产业税收优惠的财税法反思 [J]. 武汉体育学院学报, 2016, 50 (3): 49-55.

[118] 叶中行. 信息论基础 [M]. 北京: 高等教育出版社, 2007.

[119] 异域文化: 法国彩票发展简史 [EB/OL]. (2015-09-11) [2022-05-16]. https://sports.sina.com.cn/l/2015-09-11/doc-ifxhupin3493889.shtml.

[120] 易剑东, 任慧涛. 事权、财权与政策规制: 对中国体育公共财政的批判性阐释 [J]. 当代财经, 2014 (7): 21-32.

[121] 由会贞, 李海霞. 绩效审计理念下的体育彩票公益金绩效审计 [J]. 中国内部审计, 2015 (1): 29-31.

[122] 于大春, 张华杰, 宋万超. 绩效管理理论研究综述 [J]. 情报杂志, 2010, 29 (S2): 16-19, 11.

[123] 余丽珍, 徐岩. 美国体育产业政策及其启示 [J]. 江西社会科学, 2017, 37 (12): 95-100.

[124] 余守文, 王经纬. 中、美两国体育产业财税政策比较研究 [J]. 体育科学, 2017, 37 (10): 80-89.

[125] 余守文, 肖乐乐. 政策工具视角下中国体育产业政策文本量化分析——以国务院46号文为例 [J]. 体育学刊, 2018, 25 (4): 21-27.

[126] 郁菁. 美英法三国彩票公益金管理体制的对比研究及启示 [J]. 社会福利 (理论版), 2015 (7): 38-41.

[127] [美] 约翰·罗尔斯. 正义论 [M]. 何怀宏, 等译. 北京: 中

国社会科学出版社, 1988.

[128] 张兵, 范致镇, 潘军昌. 信息透明度与公司绩效——基于内生性视角的研究 [J]. 金融研究, 2009 (2): 169 - 184.

[129] 张鼎昆. 人类绩效技术及其在企业中的应用 [J]. 中国管理科学, 2001 (2): 76 - 81.

[130] 张建卫, 刘玉新. 绩效管理与员工发展: 一种发展心理学视角 [J]. 商业经济与管理, 2006 (8): 29 - 32, 56.

[131] 张剑威, 汤卫东. 软法视域下我国体育产业政策研究 [J]. 武汉体育学院学报, 2017, 51 (6): 51 - 55, 71.

[132] 张齐安. 澳门博彩监管体制和政策借鉴 [J]. 社会福利, 2009 (10): 30 - 31.

[133] 张伟. 完善预算支出绩效评价体系研究 [D]. 北京: 中国财政科学研究院, 2015.

[134] 张永韬, 刘波. 我国体育产业政府引导资金健康发展对策研究 [J]. 体育文化导刊, 2019 (6): 88 - 92, 98.

[135] 章贵桥, 杨媛媛, 颜恩点. 数智化时代、政府会计功能跃迁与财政预算绩效治理 [J]. 会计研究, 2021 (10): 17 - 27.

[136] 赵璐. 彩票公益金绩效审计评价指标体系构建 [J]. 财会通讯, 2016 (25): 75 - 77.

[137] 郑方辉, 费睿. 财政收入绩效评价: 兑现减税降费政策目标的价值工具 [J]. 中国社会科学, 2019 (6): 85 - 105, 205 - 206.

[138] 郑方辉, 廖鹏洲. 政府绩效管理: 目标、定位与顶层设计 [J]. 中国行政管理, 2013 (5): 15 - 20.

[139] 郑方辉, 谢良洲. 独立第三方评政府整体绩效与新型智库发展——"广东试验"十年审视 [J]. 中国行政管理, 2017 (7): 153 - 155.

[140] 郑鑫. 体育彩票公益金心理认知对彩民购彩行为的影响研究

［D］．上海：上海体育学院，2020．

［141］中国发展研究基金会．全面预算绩效管理读本［M］．北京：中国发展出版社，2020．

［142］中华人民共和国财政部官网（http：//www. mof. gov. cn/index. htm）．

［143］中华人民共和国国家体育总局官网（https：//www. sport. gov. cn/）．

［144］中华人民共和国中央人民政府官网（http：//www. gov. cn/index. htm）．

［145］钟亚平，李强谊．中国体育彩票销售量的空间格局演变及驱动因素分析［J］．统计与决策，2019，35（5）：105 – 110．

［146］仲理峰，时勘．绩效管理的几个基本问题［J］．南开管理评论，2002（3）：15 – 19．

［147］周红妹，林向阳．政策工具视角下地方政府对国家体育产业政策的再制定［J］．上海体育学院学报，2017，41（3）：9 – 16．

［148］周强，玉聚成，方娜．日本体育振兴彩票制度及其启示［J］．体育文化导刊，2011（10）：76 – 78，81．

［149］周燕，潘遥．财政补贴与税收减免——交易费用视角下的新能源汽车产业政策分析［J］．管理世界，2019，35（10）：133 – 149．

［150］周正宏，李行云，陈若愚．区域体育产业集聚与增长的政策效应——基于合成控制法的分析［J］．财经科学，2018（7）：121 – 132．

［151］周志忍．政府绩效管理研究：问题、责任与方向［J］．中国行政管理，2006（12）：13 – 15．

［152］朱美丽．基于公共价值的全面预算绩效管理研究［M］．北京：社会科学文献出版社，2020．

［153］朱彤等．我国彩票市场结构与政府监管体制改革研究［M］．北京：中国商业出版社，2005．

［154］祝颐. 互联网金融＋体育产业的融合发展 ［J］. 求索，2016 （6）：64 – 69.

［155］Adams D. My ticket, my "self"：Lottery ticket number selection and the commodification and extension of the self ［J］. *Sociological Spectrum*, 2001, 21 （4）：455 – 477.

［156］Aflakpui A A, Oteng – Abayie EF. The demand for sports lottery：Evidence from the city of Kumasi in Ghana ［J］. *Journal of Gambling Business & Economics*, 2016, 10 （2）：46 – 67.

［157］Alm J, McKee M, Skidmore M. Fiscal pressure, tax competition, and the introduction of state lotteries ［J］. *National Tax Journal*, 1993, 46 （4）：463 – 476.

［158］Annual report & accounts 2020 – 2021 ［EB/OL］［2022 – 03 – 31］. https：//assets. publishing. service. gov. uk/government/uploads/system/uploads/attachment_data/file/1012187/3115_GC_AR_2020 – 21_AccessTag_AW2_2020. pdf.

［159］Ariyabuddhiphongs V, Chanchalermporn N. A test of social cognitive theory reciprocal and sequential effects：Hope, superstitious belief and environmental factors among lottery gamblers in Thailand ［J］. *Journal of Gambling Studies*, 2007, 23 （2）：201 – 214.

［160］Armstrong M, Baron A. *Performance Management* ［M］. London：The Cromwell Press, 1998.

［161］Armstrong M. *Performance Management：Key Strategies and Practical Guidelines* ［M］. London：Kogan Page, 2006.

［162］Bailey S J, Connolly S. The national lottery：A preliminary assessment of net additionality ［J］. *Scottish Journal of Political Economy*, 1997, 44 （1）：100 – 112.

［163］Barrow L, Rouse C E. Using market valuation to assess public school spending [J]. *Journal of Public Economics*, 2004, 88 (9 - 10): 1747 - 1769.

[164] Behn R D. Why measure performance? Different purposes require different measures [J]. *Public Administration Review*, 2003, 63 (5): 586 - 606.

[165] Bell E, Wehde W, Stucky M. Supplement or supplant? Estimating the impact of state lottery earmarks on higher education funding [J]. *Education Finance and Policy*, 2020, 15 (1): 136 - 163.

[166] Bentes A V, Carnerio J, DA Silva J F, et al. Multidimensional assessment of organizational performance: Integrating BSC and AHP [J]. *Journal of Business Research*, 2012, 65 (12): 1790 - 1799.

[167] Bernardin H J, Beatty R W. *Performance Appraisal: Assessing Human Behavior at Work* [M]. Boston: Kent Publishing Company, 1984.

[168] Blalock G, Just D R, Simon D H. Hitting the jackpot or hitting the skids: Entertainment, poverty, and the demand for state lotteries [J]. *American Journal of Economics and Sociology*, 2007, 66 (3): 545 - 570.

[169] Bobbitt R. *Lottery wars: Case Studies in Bible Belt Politics*, 1986 - 2005 [M]. Lanham: Lexington Books, 2007.

[170] Borg M O, Mason P M. The budgetary incidence of a lottery to support education [J]. *National Tax Journal*, 1988, 41 (1): 75 - 85.

[171] Borman W C, Motowidlo S J. Task performance and contextual performance: The meaning for personnel selection research [J]. *Human Performance*, 1997, 10 (2): 99 - 109.

[172] Borman W C, Motowidlo S M. *Expanding the Criterion Domain to Include Elements of Contextual Performance* [M]. Schmitt N & Borman W C. Personnel Selection in Organizations. US: Jossey - Bass, 1993.

[173] Brenner R, Brenner G A. *Gambling and Speculation: A Theory, a History and a Future of Some Human Decisions* [M]. New York: Cambridge

University Press, 1990.

[174] Brinner R E, Clotfelter C T. An economic appraisal of state lotteries [J]. *National Tax Journal*, 1975, 28 (4): 395 –404.

[175] Bromwich M. The case for strategic management accounting: The role of accounting information for strategy in competitive markets [J]. *Accounting Organizations & Society*, 1990, 15 (1 –2): 27 –46.

[176] Bruyneel S, Dewitte S, Franses P H, et al. Why consumers buy lottery tickets when the sun goes down on them. The depleting nature of weather-induced bad moods [J]. *Social Science Electronic Publishing*, 2005, 35 (1): 1 –26.

[177] Bulei I, Bulei A E, Bunea A. Professional identity and performance in the social care system In Romania [C]// Proceedings of the international management conference. Faculty of Management, Academy of Economic Studies, Bucharest, Romania, 2015, 9 (1): 614 –621.

[178] Campbell C H, Ford P, Rumsey M G, et al. Development of multiple job performance measures in a representative sample of jobs [J]. *Personnel Psychology*, 1990, 43 (2): 277 –300.

[179] Campbell J P. *Modeling the performance prediction problem in industrial and organizational psychology* [M]//Dunnette M D, Hough L M. *Handbook of Industrial and Organizational Psychology*. Palo Alto: Consulting Psychologists Press, 1990: 687 –732.

[180] Caudill S B, Ford J M, Mixon Jr F G, et al. A discrete-time hazard model of lottery adoption [J]. *Applied Economics*, 1995, 27 (6): 555 –561.

[181] Clarke D. Motivational differences between slot machine and lottery players [J]. *Psychological Reports*, 2005, 96 (3): 843 –848.

[182] Claussen C L, Miller L K. The gambling industry and sports gam-

bling: A stake in the game? [J]. *Journal of Sport Management*, 2001, 15 (4): 350–363.

[183] Clotfelter C T, Cook P J. Implicit taxation in lottery finance [J]. *National Tax Journal*, 1987, 40 (4): 533–546.

[184] Clotfelter C T, Cook P J. On the economics of state lotteries [J]. *Journal of Economic Perspectives*, 1990, 4 (4): 105–119.

[185] Clotfelter C T, Cook P J. *Selling Hope: State Lotteries in America* [M]. Cambridge: Harvard University Press, 1991.

[186] Coens T, Jenkins M. *Abolishing Performance Appraisal: Why They Backfire and What to do Instead?* [M]. San Francisco: Berrett – Koehler Publishers, 2000.

[187] Cook P J, Clotfelter C T. The peculiar scale economies of lotto [J]. *The American Economic Review*, 1993, 83 (3): 634–643.

[188] Coughlin C C, Garrett T A, Hernandez – murillo R. The geography, economics, and politics of lottery adoption [J]. *Federal Reserve Bank of St. Louis Review*, 2006, 88 (3): 165–180.

[189] Coups E, Haddock G, Webley P. Correlates and predictors of lottery play in the United Kingdom [J]. *Journal of Gambling Studies*, 1998, 14 (3): 285–303.

[190] Davis J R, Filer J E, Moak D L. The lottery as an alternative source of state revenue [J]. *Atlantic Economic Journal*, 1992, 20 (2): 1–10.

[191] Deboer L. Lottery taxes may be too high [J]. *Journal of Policy Analysis and Management*, 1986, 5 (3): 594–596.

[192] Deboer L. Lotto sales stagnation: product maturity or small jackpots? [J]. *Growth and Change*, 1990, 21 (1): 73–77.

[193] Deming W E. *Out of the Crisis* [M]. Cambridge, Mass achusetts:

MIT Press, 1982.

[194] Douglas A. *The National Lottery and its Regulation: Process, Problems, and Personalities* [M]. UK: Bloomsbury Publishing, 2001.

[195] Dunk A S. The effects of job-related tension on managerial performance in participative budgetary settings [J]. *Accounting Organizations and Society*, 1993, 18 (7 - 8): 575 - 585.

[196] Dye R F, McGuire T J. The effect of earmarked revenues on the level and composition of expenditures [J]. *Public Finance Quarterly*, 1992, 20 (4): 543 - 556.

[197] Elliott D S, Navin J C. Has riverboat gambling reduced state lottery revenue? [J]. *Public Finance Review*, 2002, 30 (3): 235 - 247.

[198] Emond A, Nairn A, Collard S, et al. Gambling by young adults in the UK during COVID - 19 lockdown [J]. *Journal of Gambling Studies*, 2022, 38 (1): 1 - 13.

[199] Erekson O H, Platt G, Whistler C, et al. Factors influencing the adoption of state lotteries [J]. *Applied Economics*, 1999, 31 (7): 875 - 884.

[200] Evans W N, Zhang P. The impact of earmarked lottery revenue on K - 12 educational expenditures [J]. *Education Finance and Policy*, 2007, 2 (1): 40 - 73.

[201] Fandray D. The new thinking in performance appraisals [J]. *Workforce*, 2001, 80 (5): 36 - 40.

[202] Farrell L, Walker I. The welfare effects of lotto: Evidence from the UK [J]. *Journal of Public Economics*, 1999, 72 (1): 99 - 120.

[203] Feehan P, Forrest D. Distribution of UK national lottery grants across local authority areas [J]. *Applied Economics Letters*, 2007, 14 (5): 361 - 365.

［204］ Fitzgerald L, Moon P. *Performance Measurement in Service Industries: Making it Work* ［M］. London: CIMA, 1996.

［205］ Forrest D, David Gulley O, Simmons R. Substitution between games in the UK national lottery ［J］. *Applied Economics*, 2004, 36 (7): 645 – 651.

［206］ Forrest D, Gulley O D, Simmons R. The relationship between betting and lottery play ［J］. *Economic Inquiry*, 2010, 48 (1): 26 – 38.

［207］ Forrest D, Simmons R, Chesters N. Buying a dream: Alternative models of demand for lotto ［J］. *Economic Inquiry*, 2002, 40 (3): 485 – 496.

［208］ Forrest D, Simmons R. Sport and gambling ［J］. *Oxford Review of Economic Policy*, 2003, 19 (4): 598 – 611.

［209］ Funkhouser M. The spread of performance auditing among American cities ［D］. Lawrence: The University of Missouri – Kansas City, 2000.

［210］ Gambling commission annual report and accounts ［EB/OL］. (2021 – 08 – 19) ［2021 – 10 – 02］. https: //www. gov. uk/government/publications/gambling-commission-annual-report-and-accounts – 2020 – 21.

［211］ Garcia J, Rodriguez P. The demand for football pools in Spain ［J］. *Journal of Sports Economics*, 2007, 8 (4): 335 – 354.

［212］ Garrett T A, Sobel R S. Gamblers favor skewness, not risk: Further evidence from United States' lottery games ［J］. *Economics Letters*, 1999, 63 (1): 85 – 90.

［213］ Garrett T A, Sobel R S. State lottery revenue: The importance of game characteristics ［J］. *Public Finance Review*, 2004, 32 (3): 313 – 330.

［214］ Garrett T A. An international comparison and analysis of lotteries and the distribution of lottery expenditures ［J］. *International Review of Applied Economics*, 2001, 15 (2): 213 – 227.

［215］ Garrett T A. Earmarked lottery revenues for education: A new test of fungibility [J]. *Journal of Education Finance*, 2001, 26 (3): 219 – 238.

[216] Ghent L S, Grant A P. Are voting and buying behavior consistent? Evidence from the South Carolina education lottery [J]. *Public Finance Review*, 2007, 35 (6): 669 – 688.

[217] Gilmour J B. Implementing OMB's Program Assessment Rating Tool (PART): Meeting the challenges of integrating budget and performance [J]. *OECD Journal on Budgeting*, 2007, 7 (1): 1 – 40.

[218] Goodwin B. *Justice by Lottery* [M]. UK: Andrews UK Limited, 2013.

[219] Gripaios P, Bishop P, Brand S. A lottery within a lottery? An examination of the distribution of lottery funds in England [J]. *Applied Economics*, 2010, 42 (1): 63 – 71.

[220] Grote K R, Matheson V A. Dueling jackpots: Are competing lotto games complements or substitutes? [J]. *Atlantic Economic Journal*, 2006, 34 (1): 85 – 100.

[221] Gulley O D, Scott Jr F A. Lottery effects on pari-mutuel tax revenues [J]. *National Tax Journal*, 1989, 42 (1): 89 – 93.

[222] Gulley O D, Scott Jr F A. The demand for wagering on state-operated lotto games [J]. *National Tax Journal*, 1993, 46 (1): 13 – 22.

[223] Hakansson A. Impact of COVID – 19 on online gambling-a general population survey during the pandemic [J]. *Frontiers in Psychology*, 2020 (11): 2588.

[224] Inman R P. The flypaper effect [R/OL]. (2008 – 12) [2022 – 03 – 31]. https: //www. nber. org/papers/w14579.

[225] Jackson J D, Saurman D S, Shughart W F. Instant winners: Legal change in transition and the diffusion of state lotteries [J]. *Public Choice*, 1994, 80 (3 – 4): 245 – 263.

[226] Jackson R. Demand for lottery products in Massachusetts [J]. *Journal of Consumer Affairs*, 1994, 28 (2): 313 – 325.

[227] Joyce P G. The Obama administration and PBB: Building on the legacy of federal performance-informed budgeting? [J]. *Public Administration Review*, 2011, 71 (3): 356 – 367.

[228] Julnes P L, Holzer M. Promoting the utilization of performance measures in public organizations: An empirical study of factors affecting adoption and implementation [J]. *Public Administration Review*, 2001, 61 (6): 693 – 708.

[229] Juncaj T. Do performance appraisals work? [J]. *Quality Progress*, 2002, 35 (11): 45 – 49.

[230] Kaizeler M J, Faustino H C. Lottery sales and per-capita GDP: An inverted U relationship [J]. *Working Papers Department of Economics*, 2008, 2 (41): 225 – 238.

[231] Kearney M S. State lotteries and consumer behavior [J]. *Journal of Public Economics*, 2005, 89 (11 – 12): 2269 – 2299.

[232] Kisner M, Vigoda-gadot E. The provenance of public management and its future: Is public management here to stay? [J]. *International Journal of Public Sector Management*, 2017, 30 (6/7): 532 – 546.

[233] Kitchen H, Powells S. Lottery expenditures in Canada: A regional analysis of determinants and incidence [J]. *Applied Economics*, 1991, 23 (12): 1845 – 1852.

[234] Lam D. An exploratory study of gambling motivations and their impact on the purchase frequencies of various gambling products [J]. *Psychology & Marketing*, 2007, 24 (9): 815 – 827.

[235] Landauer B C. *Some early American lottery items* [M]. New York: Harbor Press, 1928.

[236] Landry C E, Price M K. Earmarking lottery proceeds for public

goods: Empirical evidence from US lotto expenditures [J]. *Economics Letters*, 2007, 95 (3): 451 - 455.

[237] Land V Q, Alsikafi M H. A lottery's impact on instructional and noninstructional expenditures and unrestricted revenues for education [J]. *Journal of Education Finance*, 1999, 25 (2): 149 - 174.

[238] Levinson H. Appraisal of what performance? [EB/OL]. [2022 - 04 - 02] https: //hbr. org/1976/07/appraisal-of-what-performance.

[239] Li H, Mao L L, Zhang J J, et al. Classifying and profiling sports lottery gamblers: A cluster analysis approach [J]. *Social Behavior and Personality: An International Journal*, 2015, 43 (8): 1299 - 1317.

[240] Livernois J R. The redistributive effects of lotteries: Evidence from Canada [J]. *Public Finance Quarterly*, 1987, 15 (3): 339 - 351.

[241] Lockett J. *Effective Performance Management: A Strategic Guide to Getting the best from People* [M]. UK: Kogan Page, 1992.

[242] Lottery funding [EB/OL]. [2021 - 10 - 02]. https: //www. national-lottery. com/lottery-funding.

[243] Mao L L, Zhang J J, Connaughton D P. Sports gambling as consumption: Evidence from demand for sports lottery [J]. *Sport Management Review*, 2015, 18 (3): 436 - 447.

[244] Mardani A, Jusoh A, Md Nor K, et al. Multiple criteria decision-making techniques and their applications: A review of literature from 2000 to 2014 [J]. *Economic Research - Ekonomska Istrazivanja*, 2015, 28 (1): 516 - 571.

[245] Martin R, Yandle B. State lotteries as duopoly transfer mechanisms [J]. *Public Choice*, 1990, 64 (3): 253 - 264.

[246] Mason P M, Steagall J W, Fabritius M M. The elasticity of demand for lotto tickets and the corresponding welfare effects [J]. *Public Finance Re-*

view, 1997, 25 (5): 474 – 490.

[247] Matheson V, Grote K. *US Lotto Markets* [M]. Hausch D B, Ziemba W T. Handbook of sports and Lottery Markets. North Holland: Elsevier, 2008.

[248] Matheson V A, Grote K. Gamblers' Love for variety and substitution among lotto games [J]. *The Journal of Gambling Business and Economics*, 2007, 1 (2): 85 – 99.

[249] McNeilly D P, Burke W J. Gambling as a social activity of older adults [J]. *The International Journal of Aging and Human Development*, 2001, 52 (1): 19 – 28.

[250] Melnyk S A, Bititci U, Platts K, et al. Is performance measurement and management fit for the future? [J]. *Management Accounting Research*, 2014, 25 (2): 173 – 186.

[251] Mikesell J, Pirog – Good M A. State lotteries and crime: The regressive revenue producer is linked with a crime rate higher by 3 percent [J]. *American Journal of Economics and Sociology*, 1990, 49 (1): 7 – 20.

[252] Mikesell J L, Zorn C K. State lottery sales: Separating the influence of markets and game structure [J]. *Growth and Change*, 1987, 18 (4): 10 – 19.

[253] Mikesell J L. State lottery sales and economic activity [J]. *National Tax Journal*, 1994, 47 (1): 165 – 171.

[254] Miller D E, Pierce P A. Lotteries for education: Windfall or hoax? [J]. *State and Local Government Review*, 1997, 29 (1): 34 – 42.

[255] Miller J D, Morey M R. Power markets: transferring systematic risk to lottery players [J]. *Public Budgeting & Finance*, 2003, 23 (2): 118 – 133.

[256] Millikan N. *Lotteries in Colonial America* [M]. London: Rout-

ledge，2011.

[257] Mixon F G，Caudill S B，Ford J M，et al. The rise （or fall） of lottery adoption within the logic of collective action：some empirical evidence [J]. *Journal of Economics and Finance*，1997，21 （1）：43 – 49.

[258] Morgan J，Sefton M. Funding public goods with lotteries：Experimental evidence [J]. *The Review of Economic Studies*，2000，67 （4）：785 – 810.

[259] Moynihan D P. Advancing the empirical study of performance management：What we learned from the program assessment rating tool [J]. *The American Review of Public Administration*，2013，43 （5）：499 – 517.

[260] Muñiz A，Pérez L. Where the money goes：The role of funding allocation in lottery markets [J]. *International Gambling Studies*，2021，21 （2）：295 – 306.

[261] Mwita I，John. Performance management model [J]. *International Journal of Public Sector Management*，2000，13 （1）：19 – 37.

[262] New York lottery aid to education [EB/OL]. [2022 – 04 – 01]. https：//edit. nylottery. ny. gov/sites/default/files/2021 – 08/aid20 – 21_final_0. pdf.

[263] New York lottery [EB/OL]. [2022 – 04 – 01]. https：//nylottery. ny. gov/about – us.

[264] New York state lottery financial statements and supplementary information [EB/OL]. [2022 – 04 – 01]. https：//edit. nylottery. ny. gov/sites/default/files/2021 – 08/final_NYSL_FS_2021. pdf.

[265] Nibert D. *Hitting the Lottery Jackpot：State Governments and the Taxing of Dreams* [M]. New York：Monthly Review Press，2000.

[266] Nicholson – Crotty S，Theobald N A，Nicholson – Crotty J. Disparate measures：Public managers and performance-measurement strategies [J].

*Public Administration Review*, 2006, 66 (1): 101 –113.

[267] Novarro N K. Earmarked lottery profits: A good bet for education finance? [J]. *Journal of Education Finance*, 2005, 31 (1): 23 –44.

[268] Otley D. Performance management: a framework for management control systems research [J]. *Management Accounting Research*, 1999, 10 (4): 363 –382.

[269] Pamenter F. Moving from appraisals to employee enhancement [J]. *Canadian Manager*, 2000, 25 (1): 13 –15.

[270] Pantuosco L, Seyfried W, Stonebraker R. The impact of lotteries on state education expenditures: Does earmarking matter? [J]. *Review of Regional Studies*, 2007, 37 (2): 169 –185.

[271] Papachristou G A. Is lottery demand elasticity a reliable marketing tool? Evidence from a game innovation in Greece [J]. *International Review of Economics*, 2006, 53 (4): 627 –640.

[272] Petry N M, Mallya S. Gambling participation and problems among employees at a university health center [J]. *Journal of Gambling Studies*, 2004, 20 (2): 155 –170.

[273] Plöntzke B, Albrecht U, Thalemann C, et al. Forms of pathological gambling: Empirical research on consumers behaviour of sport betting and lottery participants [J]. *Wiener Medizinische Wochenschrift*, 2004, 154 (15): 372 –377.

[274] Price D I, Novak E S. The tax incidence of three Texas lottery games: Regressivity, race, and education [J]. *National Tax Journal*, 1999, 52 (4): 741 –751.

[275] Rogers P. The cognitive psychology of lottery gambling: A theoretical review [J]. *Journal of Gambling Studies*, 1998, 14 (2): 111 –134.

[276] Rogers S. *Performance Management in Local Government* [M].

Harlow: Longman, 1990.

[277] Schick A. *The Spirit of Reform: Managing the New Zealand State Sector in a time of Change* [R]. Wellington: State Services Commission, 1996.

[278] Scott F, Garen J. Probability of purchase, amount of purchase, and the demographic incidence of the lottery tax [J]. *Journal of Public Economics*, 1994, 54 (1): 121 - 143.

[279] Shepherd R M, Ghodse H, London M. A pilot study examining gambling behaviour before and after the launch of the National Lottery and scratch cards in the UK [J]. *Addiction Research*, 1998, 6 (1): 5 - 12.

[280] Siegel D, Anders G. The impact of Indian casinos on state lotteries: A case study of Arizona [J]. *Public Finance Review*, 2001, 29 (2): 139 - 147.

[281] Smith G J. Sucker bet or sure thing: A critical analysis of sports lotteries [J]. *Journal of Gambling Studies*, 1992, 8 (4): 331 - 349.

[282] Spangenberg H H, Theron C C. Adapting the Systems Model of Performance Management to major changes in the external and internal organisational environments [J]. *South African Journal of Business Management*, 2001, 32 (1): 35 - 47.

[283] Spindler C J. The lottery and education: Robbing Peter to pay Paul? [J]. *Public Budgeting & Finance*, 1995, 15 (3): 54 - 62.

[284] Stark S, Wood R C, Honeyman D S. The Florida education lottery: Its use as a substitute for existing funds and its effects on the equity of school funding [J]. *Journal of Education Finance*, 1993, 18 (3): 231 - 242.

[285] Steinnes D N. Have native American casinos diminished other gambling in Minnesota? An economic answer based on accessibility [J]. *Journal of Regional Analysis & Policy*, 2012, 28 (1): 18 - 32.

[286] Stranahan H, Borg M O M. Horizontal equity implications of the lottery tax [J]. *National Tax Journal*, 1998, 51 (1): 71 – 82.

[287] Sullivan G. *By chance a winner: The History of Lotteries* [M]. New York: Dodd Mead, 1972.

[288] Thaler R H, Ziemba W T. Anomalies: Parimutuel betting markets: Racetracks and lotteries [J]. *Journal of Economic Perspectives*, 1988, 2 (2): 161 – 174.

[289] Trevorrow K, Moore S. The association between loneliness, social isolation and women's electronic gaming machine gambling [J]. *Journal of Gambling Studies*, 1998, 14 (3): 263 – 284.

[290] US state-by-state gambling laws [EB/OL]. (2021 – 11 – 24) [2021 – 12 – 11]. https: //www. letsgambleusa. com/laws/.

[291] Vasche J D. Are taxes on lotteries too high? [J]. *Journal of Policy Analysis and Management*, 1985, 4 (2): 269 – 271.

[292] Von Herrmann D. *The big Gamble: The Politics of Lottery and Casino Expansion* [M]. Westport: Praeger Publishers, 2002.

[293] Vrooman D H. An economic analysis of the New York state lottery [J]. *National Tax Journal*, 1976, 29 (4): 482 – 489.

[294] Walker D M, Jackson J D. Do US gambling industries cannibalize each other? [J]. *Public Finance Review*, 2008, 36 (3): 308 – 333.

[295] Walters M. *Developing Organizational Measures, the Performance Management Handbook* [M]. London: Institute of Personnel and Development, 1995.

[296] Willoughby K G, Melkers J E. Implementing PBB: Conflicting views of success [J]. *Public Budgeting & Finance*, 2000, 20 (1): 85 – 120.

[297] Wisman J D. State lotteries: Using state power to fleece the poor [J]. *Journal of Economic Issues*, 2006, 40 (4): 955 – 966.

[298] Worthington A C. Implicit finance in gambling expenditures: Australian evidence on socioeconomic and demographic tax incidence [J]. *Public Finance Review*, 2001, 29 (4): 326 – 342.

**图书在版编目（CIP）数据**

体育彩票公益金绩效管理闭环系统构建与实现机制研究/白宇飞，臧文煜著．—北京：经济科学出版社，2022.12

ISBN 978 - 7 - 5218 - 3416 - 1

Ⅰ.①体… Ⅱ.①白…②臧… Ⅲ.①体育 - 彩票 - 公益金 - 基金管理 - 研究 - 中国 Ⅳ.①F832.5

中国版本图书馆 CIP 数据核字（2022）第 189988 号

责任编辑：刘　丽
责任校对：王京宁
责任印制：范　艳

**体育彩票公益金绩效管理闭环系统构建与实现机制研究**
白宇飞　臧文煜　著
经济科学出版社出版、发行　新华书店经销
社址：北京市海淀区阜成路甲 28 号　邮编：100142
总编部电话：010 - 88191217　发行部电话：010 - 88191522
网址：www. esp. com. cn
电子邮箱：esp@ esp. com. cn
天猫网店：经济科学出版社旗舰店
网址：http：//jjkxcbs. tmall. com
北京季蜂印刷有限公司印装
710 × 1000　16 开　14.25 印张　200000 字
2022 年 12 月第 1 版　2022 年 12 月第 1 次印刷
ISBN 978 - 7 - 5218 - 3416 - 1　定价：72.00 元
（图书出现印装问题，本社负责调换。电话：010 - 88191510）
（版权所有　侵权必究　打击盗版　举报热线：010 - 88191661
QQ：2242791300　营销中心电话：010 - 88191537
电子邮箱：dbts@ esp. com. cn）